바비굴링

발리인의 소울푸드

일러두기

이 책은 다음과 같이 표기한다.

1. 외래어는 외래어표기법에 따랐으나 인명, 지명 등의 독음은 원어 발음을 존중해 그에 따르고, 관용적인 표기와 동떨어진 경우 절충하여 실용적인 표기로 하였다.

2. 단행본·전집 등은 겹낫표(『 』), 논문·단편 등은 홑낫표(「 」), 그 외 TV 프로그램, 예술 작품 등의 제목은 홑화살괄호(〈 〉)로 표시하였다.

3. 직접적으로 인용한 부분은 큰따옴표(" "), 재인용이나 강조한 것은 작은 따옴표(' ')로 표기하였다.

바비굴링

발리인의 소울푸드

장상경 지음

씨
아이
알

들어가며

인도네시아에 위치한 '발리 Bali'는 전체 국토 면적의 0.29%밖에 차지하지 않는 작디작은 섬이다. 그러나 섬의 규모와는 달리 발리는 매년 300만 명 이상의 관광객을 끌어들이는 국제적인 관광지로 국내 관광산업의 견인차 역할을 톡톡히 하고 있는 존재감 넘치는 곳이다. 한국인이 발리섬 하면 떠올리는 이미지는 반복되는 지친 일상을 뒤로한 채 훌쩍 떠나고픈 꿈의 휴양지이거나 인생의 새 막을 시작할 달콤한 신혼여행지 그 어디쯤일 것이다. 국내 서점의 여행 코너 가판대를 살펴보면 발리 관련 서적들은 늘 손이 잘 닿는 곳에 꽂혀 있다. 그중 아무거나 한 권을 집어 펼쳐도 마치 약속이라도 한 듯 발리섬의 주요 관광지와 놀거리 · 먹거리 · 즐길거리 등을 소개하는 글로 가득 차 있다. 한국인에게 발리섬은 그저 잘 놀다 갈 수 있는 관광지 그 이상 그 이하도 아니다.

그러나 15년 동안 발리섬을 자주 드나들었던 저자에게 발리는 완전히 다른 경관으로 다가온다. 저자는 사회생활을 시작한 30대부터 대부분 출장과 연구를 목적으로 발리섬을 방문했다. 물론 마천루로 가득한 수도 자카르타 Jakarta, 교육과 문화의 도시 족자카르타 Yogyakarta, 발리섬 옆에 짝꿍처럼 붙어 있는 롬복 Lombok, 해양 스포츠의 천국 마나도 Manado, 싱가포르와 가장 가까운 바탐Batam 이나 빈탄Bintan 등의 지역들도 꾸준히 방문하였다. 인도네시아 지역전문가로서 천의 얼굴을 지녔다는 인도네시아의 모든 지역을 사랑하지만, 유독 발리만은 그곳에서만 먹을 수 있는 '특정 요리'의 맛과 향 때문에 빠져들게 되었다.

저자에게 발리섬이란 매캐한 연기로 가득한 야자 껍데기 화로에서 구워낸 통돼지구이요리 '바비굴링babi guling'을 맘껏 맛볼 수 있는 곳이자, 연중 쳇바퀴처럼 돌아가는 '힌두의례'를 일상으로 사는 발리인 친구들이 살아가는 공간이다. 매년 설이나 추석을 앞두고 한국 주요 일간지는 명절증후군으로 갈등을 겪는 위기 가정의 사례나 고공 행진하는 명절밥상 물가, 명절증후군 극복에 도움이 되는 방법 등 명절 스트레스를 다룬 다양한 머리기사들이 단골로 등장한다. 그러나 평생을 소위 '의례 밭'에서 살아가는 발리인들이 이 기사를 접한다면 기껏해야 한 해 두 번뿐인 명절준비에 웬 호들갑이냐며 코웃음을 칠게 뻔하다. 발리인 친구에게 안부를 물을 때면 으레 제사 준비로 바쁘다는 수화기 너머 목소리에서 의례적 삶의 고단함과 무게를 느낀다. 인도네시아는 무슬림이 대다수인 이슬람사회이지만 이곳 발리섬은 주민 대다수가 힌두교를 믿는 '힌두사회'이다. 발리인들은 힌두교를 믿기 때문에 무슬림들에게 혐오인 '돼지'를 일상에서 관행적으로 소비한다. 발리에서 돼지는 일상에서는 '식탁' 위에, 의례 때에는 '제사상' 위에 수도 없이 오르내린다. 바로 이 지점이 발리사회의 돼지고기 소비가 특별한 이유이다.

'바치다'라는 뜻의 산스크리트어 '왈리Wali'에서 유래했다는 발리Bali 의 어원에서도 알 수 있듯 발리인의 일상적 의례활동에서 신을 위한 제물과 그것이 의례적으로 소비되는 과정은 발리사회를 읽어내는 중요한 요소이다. 발리섬을 '신들의 섬'이라고 부르는 이유도 이 때문이다. 발리인들은 평생 번 돈의 많은 부분을 제사음식이나 제사용품 구입과 같은 의례 관련 제반 비용에 지출한다. 심지어 공동체의 의례나 행사 시 개인적인 사정으로 불참해야 할 경우 관습법에 따라 벌금도 낸다. 경제적인 여유가 없는 발리인들은 신께 바칠 의례용 돼지를 마련하기 위해 돈을 꾸거나 지독한 돼지우리 냄새를 견뎌가며 가정 내에서 돼지를 사육한다. 전통적인 발리사회에서 바비굴링은 본디 개인이나 공동체의 복과 안녕을 빌며 신들에게 바쳤던 신성한 제물이었다. "발리인들은 최상의 음식은 인간에게 팔지 않고 신에게 바친다"고 하는 것도 이 때문이다. 그러나 이제 바비굴링은 의례가 아니더라도 식당 문만 열면 언제든지 사먹을 수 있는 일반음식이 되었다. 더 나아가 내외국인 방문객을 상대로 하는 바비굴링 비즈니스는 발리 경제의 주요한 수입원이 되고 있다. 과거 신께 바친 뒤에라야 비로소 의례에 참석한 공동체 구성원들과 나눠 먹을 수 있었던 이 성스러운 제사음식은 '언제부터인가', '어떤 이유에서인지' 세속화의 길을 걷고 있다. 저자는 성스러운 '제단'에서 세속의 '식탁'으로 간 발리사회의 바비굴링에 주목했다.

이 글은 바로 발리인의 종족음식인 바비굴링에 관한 민족지로, 음식이라는 돋보기를 통해 잘 알려지지 않은 발리사회의 역사와 문화를 흥미롭게 풀어낸 이야기이다. 저자의 수년간의 현지 경험과 세 차례의 민족지적 현지조사를 기반으로 작성된 박사학위 논문과 소논문들을 바탕으로 작성되었다. 음식은 전통적으로 많은 문화에서 중심적인 역할을 해왔다. 특히 음식에 관한 인류학적 관심은 음식 그 자체보다는 그것을 소비하는 인간에 초점을 두고 있다. 인도네시아에서 바비굴링은 '발리인의 소울푸드'로 한국인의 김치와 같은 민족문화적 정서와 향수를 담고 있는 발리사회를 대표하는 요리이다. 김치를 빼놓고 한국의 문화를 설명할 수 없듯이 바비굴링을 빼놓고는 감히 발리사회를 논할 수 없다.

저자는 발리의 여러 지역을 왕래하면서 발리사회를 관찰하였다. 특히 바비굴링이 마을 공동체에서 어떠한 방식으로 소비되는지 살펴보기 위해 발리 동부 까랑아섬Karangasem에 위치한 작은 마을 '띰브라Timbrah'의 한 가정집에 들어가 일상을 함께했다. 띰브라 마을은 천여 마리의 바비굴링 제사를 드리는 곳으로 발리에서는 바비굴링 마을로 더 잘 알려진 곳이다. 띰브라 마을의 바비굴링 의례는 인도네시아 무형 문화재로 지정된 바 있을 정도로 독특한 문화유산이다. 사실 발리인의 음식 소비 관행은 표층적인 형태를 띠고 있어 참여관찰을 통한 공시적인 분석만으로는 한계가 있다. 이러한 한계점은 발리 고문서와 민속자료를 통해 통시적으로 접근하였다. 특히 인도네시아 현지에서 구하기 어려운 1800~1900년대의 발리 관련 민속자료는 영국과 네덜란드의 국립도서관, 대학도서관, 박물관을 방문하여 추가적으로 수집하였다. 저자가 이끄는 대로 머나먼 전통시대부터 근현대시기까지 바비굴링을 겹겹이 둘러싼 중층적인 여러 문화요소들을 한 겹 한 겹 벗겨나가다 보면 발리사회의 문화적 관행과 관념이 읽히는 놀라운 경험을 하게 될 것이다. 굴곡진 역사의 소용돌이 속에서 발리인들과 온갖 풍파를 함께 겪어온 바비굴링은 발리사회를 상징하는 민족지적 대표성을 띠는 물질문화로 발리섬의 유구한 역사를 관통하고 있다.

이 책이 나오기까지 발리의 두 현지인 가정의 전폭적인 지원과 배려가 있었다. 일면식도 없는 타국의 낯선 연구자에게 선뜻 빈방을 내주고 매끼 식사를 대가 없이 제공해준 띰브라 마을의 에디-꼬망 부부와 토끼 같은 세 자녀, 그리고 지금은 천국에서 쉬고 계신 꼬망 교수님과 그의 아들 바유에게 이 책을 바친다. 꼬망 교수님은 발리 우다야나 국립대학교의 축산학과 교수로 발리 토종돼지를 보존하기 위해 노력하셨고 무엇보다 바비굴링을 무척이나 좋아하던 분이셨다. 바비굴링 연구를 하고 싶다며 무작정 찾아온 한국인 여성 연구자를 따뜻하게 맞아 주셨고, 같은 대학교의 발리문학 교수인 아들 내외까지 소개해 주셨다. 꼬망 교수님의 아들인 바유와 며느리인 찌뜨라는 연구가 막힐 때마다 다양한 의견교환을 통해 저자의 연구를 물심양면으로 도와주었다. 찌뜨라는 발리 고문서 전문가이자 발리문학가로 발리인들조차 해석하기 어려운 발리 고문서 기록물의 해석을 지원해 주었다. 예기치 않게 사랑하는 두 명의 가족을 갑작스럽게 떠나보낸 내 동생 찌뜨라에게 이 책의 지면을 빌려 힘내라는 말을 전하고 싶다. 마지막으로 책이 나오기까지 한결같이 응원해준 사랑하는 가족에게 고마움을 전한다.

차 례

004   들어가며

제1장   한국인은 '김치', 발리인은 '바비굴링!'

제2장   '관념'에서 '일상'으로 : 돼지와 인간
022   혐오의 돼지, 숭배의 돼지
027   인도네시아의 돼지
033   발리의 돼지
037   고대 발리인과 돼지

제3장   '제단'에서 '식탁'으로 : 발리의 돼지고기 소비
058   문헌에 묘사된 바비굴링
066   바비굴링의 세속화

제4장   현대 발리사회의 의례적 바비굴링 소비
        : 띰브라 마을의 사례
105   신, 인간 그리고 의례음식
111   천여 마리의 바비굴링 의례

140   나가며

제1장

한국인은 김치,
발리인은 '바비굴링!'

한국인은 김치,
발리인은 '바비굴링!'

"발리에 와서 바비굴링 요리를 맛보지 않고 돌아간다면 발리에 와봤다고 말할 수 없죠. 바비굴링은 우리 발리인이 먹는 발리 토속음식이랍니다. 옛날에는 의례 때에만 먹었다고 하던데, 요즘은 식당에서도 판매하니 언제든지 사먹을 수 있지요."

발리 Bali 는 인도네시아에 위치한 작은 섬으로 '신들의 섬', '낙원의 섬'으로도 유명하다. 행정 구역상 발리는 38개 주 중 한 주에 지나지 않으며, 인구는 인도네시아 전체 인구 약 2억 7천만 명 중 1.6%(441만 명)에 불과하다. 비록 인구구성 면에서 소수의 위치를 점하고 있지만 주목할 점은 발리가 인도네시아 관광산업의 견인차 역할을 톡톡히 하는 국제적인 관광지라는 점이다. 세계적인 여행리뷰 웹사이트 트립어드바이저 TripAdvisor 는 발리를 여행자가 선정한 아시아 여행지 1위이자 세계 10대 여행지 중 4위로 선정한 바 있다(2022년 기준). 한국에서도 발리는 자유여행객들과 신혼여행객들 모두에게 인기 만점인 휴양지이다.

발리섬을 방문한 관광객들이라면 꼭 한 번쯤 먹고 간다는 음식이 있다. 바로 발리의 토속음식인 통돼지구이요리 **바비굴링** babi guling '이다(그

그림 1 발리의 바비굴링

림 1). 수많은 국내외 매체들이 다룬 발리를 대표하는 맛에 바비굴링은 부동의 1위이다. 바비굴링을 처음 접한 건 2008년 출장 차 발리에 방문했을 때였다. 당시 현지 가이드의 손에 이끌려 내외국인 관광객들로 문전성시를 이루는 발리 우붓Ubud 지역의 어느 유명 바비굴링 식당에 들어갔다. 자리 잡기가 무섭게 내온 바비굴링의 맛은 사실 기대 이상이었다. 바비굴링 한 접시를 깨끗이 비워가며 연신 엄지 척을 날리는 한국 여성에게 가이드는 기분이 좋아졌는지 바비굴링에 얽힌 흥미로운 이야기 보따리를 풀어냈다. 발리에 오면 꼭 바비굴링을 먹어야 하며, 바비굴링은 발리인의

제1장 한국인은 김치, 발리인은 '바비굴링!'

전통음식이고, 과거에는 의례음식이었으나 이제는 흔히 일반식당에서도 사먹을 수 있게 되었다는 얘기들이었다. 사실 그동안 인도네시아를 오가며 만났던 현지인들 대부분은 돼지를 혐오하는 무슬림이었던 터라 돼지고기 요리를 먹으며 밥상머리에서 버젓이 돼지 얘기를 꺼내는 이 상황이 무척이나 생경했다.

이쯤에서 발리가 인도네시아에서 어떤 색깔을 지닌 지역인지 들여다볼 필요가 있겠다. 우선 발리가 속한 인도네시아는 국민의 83%가 무슬림으로 국교가 이슬람은 아니지만 주류가 이슬람인 대표적인 이슬람사회이다. 머리카락을 가린 채 히잡hijab을 쓴 무슬림 여성들과 곳곳에 위치한 이슬람 사원에서 아련히 울려 퍼지는 예배시간을 알리는 아잔adzan 소리는 이슬람사회인 인도네시아의 전형적인 풍경이다. 일 년에 한 번 금식월인 라마단Ramadan이 되면 금식을 지키기 위해 식당들은 낮에 문을 닫거나 최소한 현수막으로 입구를 가린 채 조용히 영업한다.

반면, 발리는 무슬림 일색의 인도네시아에서 전혀 다른 종교문화적 경관을 보여준다. 마을 곳곳에는 신을 모시는 신성한 공간인 힌두사원들이 눈에 띈다. 발리에만 1만 2천여 개에 달하는 힌두사원이 존재하는데, 집집마다 모셔놓은 가족 사원까지 더하면 그 수를 가늠하기 어려울 정도이다(그림 2). 발리 여성들은 오늘도 힌두의례에 참석하기 위해 형형색색의 전통의상인 끄바야kebaya를 화려하게 차려입고 신들에게 바칠 공물을 머리에 인 채 힌두사원으로 향한다. 먼저 도착한 발리 남성들은 머리엔 우등udeng을, 허리엔 까멘kamen을 두른 채 사원에 모여 의례 준비에 분주하다(그림 3). 길을 걷다보면 그림 가게에 전시된 화폭 속 상의를 탈의한 발리 전통 여인의 자태가 관광객들의 눈길을 사로잡는다. 2013년 발리에서 미스월드 대회가 열렸을 당시 인도네시아 정부가 여성의 몸을 상품화한

그림 2 발리 힌두사원Tirta Gangga

그림 3 의례에 참석 중인 발리인들

제1장 한국인은 김치, 발리인은 '바비굴링!'

다며 비키니를 금지한 전력이 있음을 상기한다면, 소위 인도네시아를 대표한다는 관광지에서 여인의 가슴이 노출된 그림들이 버젓이 팔리는 이러한 상황이 참으로 아이러니하지 않을 수 없다. 이처럼 발리는 우리가 익히 아는 이슬람사회 인도네시아의 모습과는 거리감 있는 이질적인 풍경을 선사한다. 그러나 무엇보다 발리 경관의 이질감이 극에 달하는 순간은 바로 거리나 상점 곳곳에서 이슬람의 금기이자 혐오의 대상인 '돼지' 그림의 간판들을 떡하니 맞닥뜨릴 때일 것이다.

절대 다수가 무슬림인 인도네시아에서 발리는 독특하게도 유일한 '힌두교' 지역이다. 인도네시아 전체인구의 2% 정도가 힌두교 신자이며 대부분 발리에 거주한다. 바꿔 말하면 인도네시아의 힌두교신자 다수가 발리인이라는 것이다. 발리 지역은 인구구성의 약 84%가 발리힌두교 신자이다. 나머지는 외지인이기 때문에 대부분의 발리인들은 힌두교도들이다. 학계에서는 발리의 힌두교를 인도의 힌두교와 구분하기 위해 '발리힌두교Hindu Bali'라는 용어를 사용하기도 하며 현지어로는 '아가마 힌두 다르마Agama Hindu Dharma'라고 한다. 이슬람을 비롯한 여타 종교들은 인도네시아의 여러 지역에 산발적으로 분포되어 있으나 인도네시아의 힌두교는 유독 발리라는 지역 한곳에만 집중되어 있다. 이러한 발리섬은 다양한 인종 및 종족으로 구성된 외지인들과 그곳의 터줏대감인 발리인들이 더불어 살아가는 역동적인 공간이다.

발리인들은 오랜 세월 동안 힌두문화를 지켜오며 인도네시아에서 소수 문화적 입장에서 독자적인 음식 공동체를 형성해왔다. 무슬림과는 달리 발리인들은 힌두교라는 종교문화적인 특성으로 무슬림들에게 금기시된 돼지고기를 일상에서 다양한 맥락에서 관행적으로 소비한다. 발리에서 돼지고기는 '음식'의 식재료뿐만 아니라 신에게 바치는 힌두의례의 '제물'로도 다량으로 소비된다. 특히 발리를 대표하는 바비굴링 요리는 발리 사회에서 종교문화뿐만 아니라 사회경제적으로도 다양한 함의를 지니는 특별한 음식이다. 통돼지에 육두구nutmeg, 肉豆蔲, 정향clove, 丁香, 라임 lime 등 여러 향신료와 함께 넣어 조리하여 독특한 맛과 풍미를 자랑하는 바비 굴링은 신에게 바치는 여러 제물들 중 으뜸으로 꼽힌다. 바비굴링은 '돼지'를 의미하는 인도네시아어 '바비babi'와 '돌리다'라는 의미를 지닌 '굴링 guling'의 합성어이다. 실제로 바비굴링은 돼지를 직화로 돌려가며 구운 요리이다. 발리인들은 이를 줄여서 '베굴링 beguling'이라고도 한다. 바비굴링은 전통적으로 공동체의 남성 구성원들에 의해 상부상조의 과정을 통해 노동집약적으로 만들어지는 공동체의 의례적 산물이다. 발리인들은 신에게 가족과 자신이 속한 공동체의 풍요와 안녕을 기원하며 바비굴링을 제단에 바친 후 공동체와 함께 나눠 먹는다. 즉, 바비굴링은 본디 인간이 아니라 신을 위한 신성한 제물인 것이다.

그러나 현대 발리사회에서 바비굴링은 언제부터인가 누구나 돈만 내면 사먹을 수 있는 대중음식이 되었다. '신성한' 향연이었던 성스러운 바비굴링이 '세속'의 만찬으로 전락한 것이다. 게다가 바비굴링 요리가 상업화되면서 발리를 대표하는 '관광음식'으로 자리매김하여 발리 관광산업의 효자 노릇까지 톡톡히 하고 있다. 발리에서 바비굴링만으로 연간 약 92,000마리의 돼지가 소비된다는 연구결과도 있다. 이를 반영하듯 발리인은 종족 단위로는 인도네시아에서 가장 많은 돼지고기를 소비하는 단일 집단이다. 발리는 실제로 돼지 도축량과 생산량에서 전국 최대치를 기록하는 명실 공히 인도네시아 최대의 돼지고기 소비지역이다. 따라서 일반적인 인도네시아인의 관념 속에서 **'발리인들은 돼지고기를 먹는 사람들'**, **'바비굴링은 발리인의 음식'**이라는 보편적 인식이 자리 잡고 있다. 이는 한국이 김치의 나라, 한국인이 김치를 먹는 민족으로 표상화 representation 되는 것과 같은 맥락으로 이해될 수 있다. 우리가 먹는 것이 우리일 수 있지만, 우리가 먹는 것은 또한 우리가 누구인지 만들어낸다. 바비굴링은 발리지역 음식이자 발리종족의 음식으로 발리와 발리인을 상징하며 발리인의 의례적 삶과 경제적 삶을 유지해주는 중요한 도구이다. 발리인이 돼지고기를 먹는다는 것은 무슬림 일색인 이슬람사회 속에서 발리인으로서의 정체성을 자각하고 강화하는 문화적 기제가 될 수 있다.

음식은 '우리'와 '남'을 인식하게 만들며, 다름을 드러내는 중요한 상징으로 작동하기도 한다. 이러한 측면에서 절대다수가 무슬림인 인도네시아에서 돼지고기를 먹느냐 안 먹느냐는 스스로가 '무슬림'이냐 '비무슬림'이냐를 결정하고 구분 짓는 가장 명확한 기준이 된다. 물론 비이슬람 지역이 그저 발리만으로 상정되지는 않는다는 점은 짚고 넘어가야겠다. 그 이유는 발리 외에도 동부 누사뜽가라 Nusa Tenggara Timur, 북부 수마뜨라 Sumatra Utara, 남부 술라웨시 Sulawesi Selatan, 빠뿌아 Papua 역시 인도네시아에서 돼지고기를 섭취하는 주요 지역이기 때문이다. 그러나 이들 지역의 돼지고기 소비자들은 인도네시아에서 '발리인'이라는 단일 집단이나 공동체로 인식되지 않는다는 점에 주목할 필요가 있다. 이 대목이 바로 발리의 돼지고기 소비가 지닌 함의가 다른 지역과 차별화되는 부분이다. 발리인들에게 돼지고기란 단지 개인적 기호가 아닌 '집단적'으로 공유하는 '특별한 선호'로 나타나게 되는 것이다. 인간이 소비해온 음식에는 그것을 소비하는 사람들의 역사와 관련된 문화가 담겨져 있다. 발리인의 '소울푸드'인 바비굴링은 유구한 역사 속에서 발리 힌두문화의 전통과 관습을 고집스럽게 지켜온 발리사회의 실체를 엿볼 수 있는 훌륭한 돋보기가 된다. 이제부터 바비굴링이 왜, 언제부터, 어떠한 역사문화적인 맥락에서 발리사회의 상징으로까지 자리매김할 수 있었는지 하나씩 퍼즐을 맞춰나갈 것이다. 이 글을 읽다보면 발리인들의 유별난 돼지고기 소비 취향이 발리인의 정체성 반영은 물론 그들의 문화적 정체성을 구성하는 데 작동된다는 점을 깨닫게 될 것이다.

제 2 장

‘관념’에서 ‘일상’으로
: 돼지와 인간

제 2 장

'관념'에서 '일상'으로
: 돼지와 인간

혐오의 돼지, 숭배의 돼지

　동물은 인간과 유구한 역사를 함께해왔다. 수렵을 통해 공동의 재산으로 인식되었던 동물이 본격적으로 사육을 통해 소비되기 시작하면서 상속 가능한 재산으로 인식되기 시작했다. 동물을 보살피고 보호하는 활동은 곡물 재배와 맞물려 돌아가면서 사회구조에 근본적인 변화를 야기했다. 가축을 둘러싼 방목권, 소유권, 재산권 관련 문제가 발생하게 되었으며, 가축은 혼사를 비롯한 사회관계의 징표로 이용되었다. 시나브로 가축은 중요한 재산이자 개인이나 집단 권력의 상징이 되었다. 특히 멧돼지는 약 7~8천 년 전부터 인간에 의해 사육되어 가축화되었다. 즉, 돼지의 역사는 인간의 역사와 동일선상에 있다. 돼지는 인간과의 밀접한 관계 속에서 문화에 따라 다양한 관념의 대상이 되었다. 세계적으로 돼지에 대한 관념은 '혐오'와 '숭배'로 구분된다.

　우선 **'돼지혐오'**에 대한 관념은 미국의 대표적인 문화인류학자인 마빈 해리스Marvin Harris 의 유물론적 해석이 흥미롭다. 그에 따르면 농목혼합의 경제 환경을 지닌 중동지역은 돼지혐오의 관념을 보인다. 덥고 척박한 중동의 생태적 환경에서 인간과 동일하게 곡물을 주식으로 하며 기본적으로 숲지대와 그늘진 강둑에서 사는 돼지는 '실용적이지 못했다'는 것이다. 반면 다른 가축들은 젖·치즈·분뇨·단백질 등을 공급해주고 농경이나 물건을 나르는 데도 사용되었다. 돼지는 오로지 먹거리로서의 가치만 있어서 생태학적으로나 경제적으로나 사치품이었다. 이러한 곳에서 식용에 충족될 만큼의 돼지를 사육하기에는 생태학적으로 적절하지 못했다는 것이다. 따라서 유대교의 야훼(유대인들에게 계시된 하나님)와 이슬람의 알라신은 돼지가 불결하니 먹지도 만지지도 말라고 명했다.

그러나 농목혼합 문화가 절대적인 돼지혐오의 기재로 작동한다고 단정하기에는 무리수가 따른다. 예컨대 인도네시아의 경우 쌀을 기반으로 한 동남아시아의 대표적 농경문화지역으로 돼지가 서식하기에 충분한 생태적 환경을 갖추었기 때문이다. 그럼에도 불구하고 이곳 인구의 대다수는 돼지를 혐오하며 돼지고기를 먹지 않는다. 따라서 이 지역의 돼지혐오는 유물론적 해석보다는 '종교적 금기'에서 원인을 찾는 것이 훨씬 설득력 있다. 인도네시아의 이슬람교가 중동지역에서 전해졌다는 점을 상기한다면, 생태학적 전략에서 시작된 돼지혐오가 종교적 금기로 굳어져 초기의 생태학적 원인이 무색해진 결과로 볼 수 있다.

돼지고기 금기에 대한 다른 시각도 존재한다. 해리스가 유물론적 관점에서 돼지고기의 금기를 설명했다면, 메리 더글라스Mary Douglas 는 유대교의 식사 율법에 나타난 음식법의 '정결'과 '부정'에 관한 상징을 통해 레위기의 돼지고기 금기를 설명한다. 이슬람의 금기의 원류는 레위기와 신명기의 음식금기에서 출발하였기 때문에 동일한 연장선상에서 원인을 찾아볼 수 있다. 돼지는 소·양·염소처럼 발굽은 가졌으나 굽이 갈라져 있으며 되새김질을 하지 않는 '비정상의 범주'에 속한 동물이기 때문에 오염된 것으로 보아 먹지 않았다는 것이다. 돼지가 이미 정해 놓은 경계에서 이탈하였기 때문에 관념적으로 더럽거나 타락했다고 여기는 것이다. 이 밖에도 돼지혐오에 관한 다양한 학설들이 존재하는데, 특정 지역·특정 사람들이 갖는 돼지혐오의 관념은 하나가 아닌 중층적인 여러 문화요소들을 함께 고려해야만 해석이 가능하다.

사실 돼지에게는 유독 혐오와 관련된 상징적 수식어가 따라다녔다. 통속적 지식 속에서 돼지는 게걸스럽게 음식을 먹어치우는 탐욕스러운 존재요, 오물과 배설물 속에서 뒹구는 것도 모자라 그것들을 먹어 치우기까지 하는 더럽고도 혐오스러운 존재이다. 이 때문에 돼지를 가두고 관리하는 돼지치기는 중세 유럽사회에서 크게 배척을 당했으며 미천하게 여겨졌다고 한다. 19세기까지 영국 런던에서 돼지는 사회적인 골칫거리였다. 돼지는 거리를 휘젓고 돌아다니며 지푸라기 붙은 몸으로 타다 남은 잉걸불로 뛰어들어 화재를 일으켰으며, 심지어 어린아이들을 물어뜯어 목숨을 뺏기도 했다.

반면 '돼지숭배'는 동아시아, 동남아시아, 유럽의 농경문화와 관련이 있다. 돼지는 양·염소·낙타와는 달리 이동하며 끌고 다니기가 쉽지 않아 유목민들로부터 외면과 멸시를 받았다. 그러나 돼지는 곡물을 먹기 때문에 농경문화에서는 충분한 먹이 공급이 가능하여 정착 생활하는 농경민들에게 선호되는 동물이었다. 한국과 중국은 돼지숭배 지역으로 굿이나 고사를 지낼 때 중요한 제물로 돼지를 사용한다. 중국 남부 윈난성雲南省, Yúnnán Shěng 의 이족彝族, YiZú 과 중국 구이조우성貴州省 먀오족苗族, MiáoZú 은 돼지고기의 특정 부위를 귀한 사람에게 대접하며, 중국 동북지역에서는 음력 12월 30일 제석 때 복福자와 함께 돼지머리 둘을 대문과 부엌 사이의 벽에 걸어놓는 풍습이 있다. 윈난성의 징포족景頗族, Jǐngpōzú은 혼을 묻는 의식 때 신성한 동물로 숭배되는 돼지의 오줌보 가면을 쓰고 의례를 거행한다. 대만에서는 돼지를 신으로 모시는 축제 겸 대회가 열리는데, 일명 '성령의 돼지pigs of god'로 불리는 초대형 돼지를 생산하여 도살한 후 꽃 등으로 장식하여 퍼레이드 시 사용한다.

돼지숭배는 전통 건축에서도 나타난다. 열대 지방의 농경민족은 주거지에 자주 출몰하는 독사의 포식자인 돼지를 고상식 주택의 아래층에 키웠으며 위층은 주거와 뒷간으로 사용했다고 한다. 우리나라의 제주도를 비롯한 일부 지역과 중국 남부 일대, 일본 류큐琉球, Ryukyu, 필리핀, 인도네시아 일부 지역 등에서 돼지우리와 측간을 겸한 통시가 발견된다. 돼지 뒷간은 인분을 처리해주고 의례 시 제물로 사용되며 뱀의 위협으로부터 지켜주어 유용했다. 한·중·일의 민간신앙에서는 변소 귀신인 측신厠神의 존재를 믿어 이에 대한 의례를 행하기도 했다.

서유럽에서는 전통적으로 돼지가 행운을 가져온다고 믿어 돼지족발로 새해를 시작한다. 족발 요리인 독일의 슈바인스학세schweinshaxe 나 이탈리아의 족발 소시지 잠포네zampone 가 잘 알려진 새해 음식에 속한다. 돼지는 먹성 좋고 새끼도 많이 낳아 풍요, 다산, 번영을 가져다주며, 주둥이로 앞을 헤치며 먹이를 찾는 모습이 마치 전진하는 새해를 상징한다고 하여 유럽인들은 새해에 돼지를 먹어왔다. 유럽에서 돼지가 행운을 가져다준다는 믿음은 민속학적으로는 고대 게르만족Germanic 의 토템 신앙에서 비롯된 것이다. 우리네 단군신화처럼 중부 유럽과 스칸디나비아 반도에서는 자신들이 멧돼지의 자손이라 믿는다. 따라서 멧돼지를 신성시했고, 사육된 집돼지마저 부와 행운의 상징이 되었다. 과거 독일은 숲이 우거진

척박한 지역으로, 사육기간이 짧은 돼지가 유용한 식량자원으로 인식되었다. 돼지는 햄, 베이컨, 소시지로 만들어 장기 보관이 가능해 게르만족에게는 생명줄과 같은 음식이었고 행운의 상징으로 통했다. 복 많이 받으라는 인사말로 "돼지 한 마리 몰고 가세요"라는 뜻의 "슈바인 하벤Schwein haben!"을 사용하는 것도 이러한 역사문화적인 배경이 깔려 있다.

남태평양 멜라네시아 군도, 뉴기니, 인도네시아 발리는 특히 돼지숭배의 중심지로 알려져 있다. 이들은 돼지를 신성시 여겨 혼례와 상례를 비롯한 생애주기 의례 때 제물로 사용한다. 멜라네시아에서는 닭·개를 가축으로 키우며, 돼지는 식용보다는 의례의 제물이나 재산으로써 사육한다. 뉴기니에서 돼지 사육은 수 세기 동안 자급자족 경제의 중요한 부분을 담당했다. 츰바가 마링족Tsembaga Maring은 조상신이 돼지고기를 선호한다고 믿어 조상신에게 제물로 바친다. 또한 결혼, 축제, 전쟁 시 선전포고, 화전을 할 때도 돼지를 제물로 바친다. 주지하듯 인도네시아의 발리에서 돼지는 힌두의례 음식으로 도축되며 바비굴링과 같은 관광 먹거리로도 소비된다.

오랜 세월 인간의 역사 속에서 함께해온 돼지는 신에게 바쳐질 만큼 맛있었고, 그 쾌락적인 맛으로 어느 사회에서는 생태환경을 망칠 수 있어 금기시되었으며, 왕성한 번식력은 다산과 풍요의 상징이 되었다. 다른 가축들과는 달리 유독 돼지에게 혐오와 숭배, 즉 외견상 배타적인 것으로 보이는 범주들이 중첩되어 있는 것은 그만큼 인간과 돼지가 가깝다는 점을 반증하는 것이다.

인도네시아의 돼지

국토의 52%가 산림인 인도네시아는 세계에서 세 번째이자 동남아시아 최대의 열대림 보유국으로서 숲과 물이 풍부해 돼지가 서식할 수 있는 천혜의 환경을 가진 국가이다. 2014년 인도네시아 남부 술라웨시Sulawesi Selatan섬 마로스Maros 동굴지대에서는 세계에서 가장 오래된 것으로 추정되는 그림 벽화가 발견되어 학계의 큰 주목을 받았다. 우라늄 토륨 연대측정법을 통해 이 벽화가 무려 약 4만 년 전에 그려진 것으로 밝혀졌다. 그곳에는 멧돼지의 일종인 바비루사babi rusa 그림과 바위에 손을 최대한 벌리고 붉은 색 안료를 뿌려 손 모양을 스텐실처럼 찍어낸 인간의 손자국 그림이 그려져 있다. 이는 인도네시아에서 돼지가 일찍이 미적 영감을 가져다 줄 정도로 인간과 친숙한 동물이었음을 시사한다. 적어도 이슬람이 유입되기 전까지 돼지는 인도네시아에서 중요한 단백질 공급원이자 주요한 먹거리였음에 틀림없다. 그러나 15세기 이후부터 인도네시아에 이슬람문화가 깊숙이 뿌리를 내리기 시작하면서 인도네시아는 단일국가로서는 최대의 무슬림 인구를 보유한 이슬람사회로 굳어졌다. 이때부터 돼지는 이슬람법이 정한 종교적 금기로 혐오의 대상으로 낙인 찍히기 시작했다. 일부 기독교나 힌두교 지역을 제외하고 인도네시아에서 돼지는 부정적 상징의 표상이 되어왔다.

주지하듯 인도네시아의 생태적 환경은 멧돼지가 서식하기에 적합하지만 난개발로 인한 열대우림의 훼손으로 살 곳을 잃어가고 있는 현실이다. 서식지를 잃은 멧돼지는 먹이를 찾아 종종 민가로 내려오곤 하는데, 인도네시아에서는 마을 주민들이 합심하여 이 멧돼지를 잡아 불태우거나 찢어 죽였다는 기사를 심심치 않게 접할 수 있다. 그런데 마을 사람들이 멧돼지를 죽인 이유가 고개를 갸우뚱하게 한다. 이들은 멧돼지가 아니라 바로 돼지요괴를 죽였다고 믿기 때문이다. 사실 멧돼지의 비참한 최후에는 돼지와 관련된 토테미즘totemism이 짙게 깔려 있다. 인도네시아에는 동물에 얽힌 다양한 민담이 존재하는데, 돼지에 얽힌 민담 중 가장 유명한 것은 돼지요괴를 통해 재물을 얻는다는 '바비 응에뺏babi ngepet' 이야기이다. **자와**Jawa섬의 민담인 바비 응에뺏에는 인도네시아인들이 돼지를 바라보는 다양한 부정적 관념들이 중층적으로 나타나 있어 무척이나 흥미롭다. 참고로 자와는 자바Java의 현지식 발음으로 우리에게는 자바섬으로 더 익숙한 지역이기도 하다. 인도네시아의 수도인 자카르타Jakarta가 바로 이 자와섬 서쪽 끝에 위치하고 있으며 인도네시아 전체 인구의 절반 이상인 약 56%가 이곳에 거주하고 있다(그림 4).

우선 이 민담을 이해하기 위해서는 재물 주술을 뜻하는 '뻐수기한 pesugihan'의 의미를 살펴보아야 한다. 'Pesugihan'은 '부유하다'라는 뜻의 단어 'sugih'에서 파생된 것으로, 요괴, 귀신, 마물魔物, 악령 등과 계약을 맺어 부정적인 방법을 통해 즉각적인 부를 얻는 행위를 뜻한다. 즉,

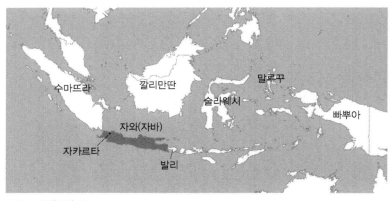

그림 4 자와(자바)섬

바비굴링_발리인의 소울푸드

'pesugihan'은 일종의 재물 주술을 의미한다. 돼지 주술은 재물을 얻고자 하는 행위자, 그 행위자의 안전을 도와주는 보조자 그리고 이 주술을 부리는 주술사인 두꾼^{dukun}이 필요한데, 보조자는 행위자와 혈연관계나 인척이어야만 한다. 보통은 부부가 행위자와 보조자의 역할을 분담한다. 행위자가 검은 망토를 걸치면 두꾼을 통해 주술이 시작된다. 곧 행위자는 돼지로 변해 마을 곳곳을 돌아다니며 집의 벽, 문, 가구를 몸에 비비며 긁어대는데 이때 집안의 귀금속이 망토 안의 주머니 속으로 옮겨 오게 된다. 행위자가 돼지가 되어서 재물을 모으는 동안 보조자는 다른 안전한 장소에서 촛불을 지키는 역할을 해야만 한다. 촛불을 지키는 동안에 촛불이 흔들리거나, 색깔이 흐려지거나, 어두워지거나 갑자기 불꽃이 크게 올라오는 것은 이 도둑 돼지가 위험에 처했다는 것을 의미하기 때문에 즉시 촛불을 꺼야만 한다. 촛불이 꺼지면 행위자는 그곳을 벗어나 다시 사람이 되어 원래 있던 안전한 장소로 귀환하게 된다. 사람의 형상으로 돌아올 때 그가 썼던 망토에는 도둑질로 얻은 물건들도 함께 딸려온다. 돼지 주술에는 커다란 위험이 따른다고 믿는데, 실패할 경우 행위자가 마을 주민들에 의해 목숨을 잃을 수 있고 돼지요괴에게 영혼을 빼앗길 수 있다는 것이다.

"네가 돼지요괴 하면, 나는 촛불을 지키마!"라는 말은 바비 응에삣 이야기에서 나온 표현으로, "네가 발로 뛰면 내가 지원하겠다!"라는 의미이다. 바비 응에삣 이야기가 자와^{Jawa/Java} 지역의 민담이다 보니 이곳 지역 신문에는 돼지요괴로 추정되는 멧돼지가 지역주민들에게 포획되어 사살되었다거나 심지어 돼지로 변한 행위자를 찾기 위해 경찰에게 넘겨진 돼지가 조사를 받고 있다는 웃지 못할 기사들도 종종 접할 수 있다. 인도네시아는 1945년(완전한 독립은 1949년) 독립을 쟁취하기 전까지 네덜란드에 약

350년, 일본에 3년 동안 식민통치를 받은 뼈아픈 역사를 지녔다. 바비 웅에삗을 통한 돼지 주술은 특히 네덜란드 식민통치 시절에 성행했다고 알려져 있다. 특히 행위자가 재물을 취하려던 대상이 식민정부 관리나 상류층이었다는 것이 씁쓸함을 자아낸다. 현실에서는 해결이 불가능했던 경제적 빈곤과 식민정부에 대한 불만을 주술이라는 초현실적 세계를 통해 해소하고자 했던 당시 민초들의 심리가 반영되어 있음을 알 수 있다. 특히 돼지는 이슬람교가 지배적인 자와 지역에 근무하던 네덜란드인 관료들이 발리나 수라바야Surabaya 지역에서까지 공수해올 정도로 선호했던 식재료였다. 당시 인도네시아인들에게 돼지는 민중을 착취하는 식민관료가 먹어대는 탐욕스럽고 더러운 음식으로 비쳐졌을 것이다. 돼지요괴에 대한 믿음은 이슬람의 금기가 가져온 두려움, 혐오, 인간의 재물에 대한 욕망 등이 복합적으로 어우러져 부정적인 관념으로 투사된 것으로 이해될 수 있다.

돼지에 관한 부정적인 관념이 다른 방식으로 표출되는 민담이나 설화들도 존재한다. 여기에서 돼지는 게으르고 건방지며 우둔한 동물로 표현된다. 특히 민담이나 설화 속 돼지들은 집돼지가 아닌 산에 사는 멧돼지인 경우가 대부분이며, 농작물이나 밭작물을 망치는 해로운 동물로 묘사된다. 동물을 주제로 하는 민담의 경우 어리석고 건방진 멧돼지가 영리한 고라니 등의 다른 동물들의 꾀에 속아 넘어가 낭패를 본다는 내용들이 주를 이룬다. 이 밖에도 발리에는 신에게 저주받아 돼지머리를 갖게 된 '뼈젱Pejeng 왕조'의 마지막 왕인 '달름 베둘루Dalem Bedulu'의 비참한 최후와 왕조의 몰락에 관한 이야기도 존재한다.

물론 인도네시아에서 돼지에 얽힌 모든 민담이나 전설이 다 혐오와 부정을 담고 있는 것은 아니다. 방까 벌리뚱Bangka Belitung 지역에서는 어느 마을의 한 가난한 사람이 밭을 망치는 멧돼지를 잡았는데 알고 보니 돼지로 현현한 선녀임을 알고 상처를 치료해 줬다가 그 대가로 많은 복과 재물을 받았다는 '시 뻐늄삣Si Penyumpit' 이야기가 전해진다. 또한 동부 누사 뜽가라Nusa Tenggara Timur에는 끄파메나누Kefamenanu 시의 북쪽에 위치한 파피네수 산Bukit Fafinesu에 얽힌 돼지 관련 설화도 있다. 가난한 천애고아 삼형제가 산에 빨간 수탉을 제물로 바쳐 돌아가신 부모님과 만나는 기회를 얻고 그때 신에게 선물로 받은 돼지 두 마리를 다음 세대까지 정성스럽게 길렀다는 이야기이다. 이들 형제가 부모님을 만났던 산을 현지어로 '부낏 파피네수Bukit Fafinesu'라고 하는데 뚱뚱한 돼지 산이라는 뜻이다. 지명이나 이름에 얽힌 돼지관련 민담은 빠뿌아Papua에 위치한 와메나Wamena에서도 발견되는데, 와메나 종족들 사이에서는 구전으로 전해져 내려오는 유명한 민담 중 하나이다. 뉴기니섬의 울창한 밀림에 위치한 암뿌아Ahmpua 지역에 어느 네덜란드인이 들어와 길을 잃었다. 때마침 그는 그곳을 지나가던 원시 종족 여자아이를 만나 지금 자신이 있는 곳이 어디냐고 묻는다. 그 순간 그들 앞에 돼지 한 마리가 뛰어 들었는데 여자아이는 그가 돼지의 명칭을 묻는 것으로 오해해 '뚜 와메나Tu wamena', 즉, 아기돼지라고 알려준다. 이후 암뿌아 지역의 지명이 와메나로 알려지게 되고 이곳 종족도 와메나 종족으로 불리기 시작했다는 것이다. 멧돼지가 사람의 조상으로 나오는 설화도 있다. 서부 자와Jawa Barat의 상꾸리앙Sangkuriang 설화가 그것인데, 숲에서 사람이 되기를 갈망했던 멧돼지가 사냥을 나온 왕의 소변을 마시고 임신을 하여 공주를 낳게 되었다는 이야기가 전반부의 주된 줄거리이다.

이처럼 인도네시아 민담과 설화 속에서 돼지는 인간의 조상이며 복·재물·행운을 가져다주는 긍정적인 동물이지만, 요괴로 출몰하거나,

031
제2장 '관념'에서 '일상'으로 : 돼지와 인간

농·밭작물을 망쳐 인간에게 해를 입히며, 우둔하며 건방진 성격을 지닌 부정적인 동물이기도 하다. 다만 현대인들이 돼지하면 떠올리는 위생상의 더러움과 불결함에 관한 내용은 민담과 설화에서는 나타나 있지 않는 것으로 보아 이는 훗날 돼지가 인간에게 사육되면서 생긴 관념일 가능성이 크다. 또한 돼지가 인간의 조상이었다는 설화들의 경우 인도네시아에 이슬람교가 들어오기 이전에 전래된 이야기들인 경우가 대부분이다. 이후 이슬람교가 인도네시아에서 대중 종교로 자리 잡으면서 시중 대부분의 민담집과 설화집에 실린 돼지 관련 민담과 설화 내용은 돼지의 긍정적인 면보다는 부정적인 면을 부각시키는 방향으로 흐르고 있음을 볼 수 있다. 심지어 여러 지역의 돼지 관련 설화를 하나의 장으로 엮어서 장의 말미에 돼지가 인간에게 해를 입히는 부정적인 동물임을 부연하는 경우도 볼 수 있다. 이는 주류인 이슬람문화가 민담집과 설화집의 편집 방향에 영향을 미쳤음을 짐작할 수 있는 부분이다.

인도네시아인의 돼지에 대한 관념은 돼지꿈을 어떻게 해석하고 받아들이는지를 통해서도 알 수 있다. 인도네시아에서 발행된 꿈 해몽 관련 서적들을 살펴보면 돼지꿈에 대한 다양한 해석들을 접할 수 있다. 꿈속에서 돼지를 보는 것은 미래에 안 좋은 일(업무, 임무, 작업)을 하게 될 것이라는 징조이다. 꿈에서 돼지 한 마리가 나타나면 그 사람의 인생에 불길한 일이 일어날 것이라는 징조이기도 하다. 또한 돼지를 죽이거나 도살하는 꿈을 꾸게 되면 어떠한 일에서 승리를 쟁취하게 된다는 것을 의미한다. 즉, 인도네시아에서 돼지꿈은 불길함, 불운과 같은 부정적인 관념이 지배적인 것을 알 수 있다. 물론 이는 인도네시아의 일반적인 꿈 해몽으로 인도네시아 전체로 일반화할 수는 없다. 어떤 특정 지역으로 국한할 경우 그 지역의 사회문화적 맥락에 따라 꿈 해몽은 다르게 나타나기 때문이다. 예를 들면 주민 대다수가 발리힌두교를 믿는 발리에서의 돼지꿈은 다른 방식으로 해석된다. 꿈속에서 돼지를 보는 것은 일반적으로 행운을 뜻하며 그중에서도 특히 도박 운을 암시한다. 또한 돼지를 죽이거나 도살하는 꿈은 본인이 아닌 다른 사람이 행운을 얻어가는 꿈으로, 이로 인해 기분이 상하거나 실망하게 된다고 해석한다. 이 밖에도 꿈속에서 돼지 사체를 보게 되면 불길한 일이 일어날 것을 경고하는 꿈으로 해석한다.

이처럼 인도네시아에서 돼지는 행운과 불운, 풍요와 탐욕 등의 긍정과 부정의 양면성이 극명하게 대립되는 동물로, 돼지를 둘러싼 민속상징은 긍정적인 측면과 부정적인 측면이 함께 공존하고 있음을 볼 수 있다.

발리의 돼지

발리의 힌두자와 문화

어느 특정 지역의 음식이 어떻게 해서 한 지역사회에서 변별적인 또는 우월한 영향력을 가지게 되었는가를 밝히기란 쉽지 않다. 그러나 인도네시아에서 발리사회의 상징이 돼지로 점철되기까지 '힌두문화'의 영향이 적지 않은 역할을 했음은 분명한 듯하다. 발리의 경우 주민 대다수가 힌두교라는 자체적인 동질성과 이슬람사회 속 소수 힌두사회라는 배타성을 지닌 독특한 지역으로 종교문화로 경계 지어진 방어적 공간이다. 1980년대까지만 해도 이곳은 힌두교인들이 90% 이상이었으나 국제적인 관광지로 성장하면서 자와 지역을 중심으로 일자리를 찾아 몰려든 무슬림들의 증가로 현재는 이 점유율이 84%까지 떨어졌다. 물론 관광산업이 발전하면서 외지인들이 들여온 서구적 가치관과 새로운 종교문화들이 유입되고 있지만 발리섬의 주류문화는 여전히 힌두교적 가치와 관습법을 지키며 살아가는 발리인들이 이끌고 있다. 그들 스스로가 발리인이라고 인식하는 여러 구성요소 중 힌두교는 가장 상위를 차지한다. 그렇다면 발리는 언제 어떠한 경로를 통해 힌두문화를 받아들이게 된 것일까?

동남아시아의 힌두문화는 기원전 2세기부터 시나브로 다양한 직간접적인 경로를 통해 유입되었다고 전해진다. 특히 동남아시아를 왕래하던 인도의 바이샤vaisya 계층의 상인들과 군인 · 통치계급인 크샤트리아ksatriya 계층의 여행자들이 초기 힌두문화의 전파에 주요한 역할을 담당했다고 알려져 있다. 참고로 인도 힌두교사회는 수천 년 간 세습적인 신분제도인 카스트caste 제도를 통해 생활 규율을 유지해왔다. 카스트 제도는 피부색 또는 직업에 따라 사제계급인 브라만brahman, 군인 · 통치 계급인 크샤트리아ksatriya, 상인 계급인 바이샤vaisya, 천민 계급인 수드라sudra 로 나뉜다. 여기에 또 다시 수많은 하위카스트subcaste 가 존재하며 최하층 계급으로는 불가촉천민不可觸賤民, untouchable 이 있다. 인도네시아의 경우 이미 1세기 이전에 힌두문화가 유입된 것으로 보이고, 4세기에는 깔리만딴Kalimantan 과 자와Jawa 에 힌두문화가 번성한 왕국들이 존재했다. 특히 자와를 중심으로 부흥했던 인도네시아의 힌두문화는 8~15세기에 걸쳐 황금기를 맞이하게 된다. 그러나 모든 문화에는 흥망성쇠가 있기 마련이다. 이후 15~16세기를 거쳐 인도네시아의 지배적인 종교였던 힌두교는 서서히 이슬람으로 교체되어 갔다. 이슬람의 물결은 인도네시아 사회에 급격한 변화를 가져왔는데, 특히 식문화의 경우 양질의 단백질 공급원이었던 돼지는 종교적 금기로 인해 염소로 대체되었다. 그러나 발리는 이슬람화가 진행된 여타 지역과는 사정이 달랐다.

882~942년에 걸쳐 기록된 16개의 발리 비문에 따르면 발리의 고대왕

조들은 이미 8세기경 고대 인도문화의 절대적인 영향하에 있었음을 알 수 있다. 초기 비문이 고대 자와어가 아닌 고대 발리어로 기록된 것으로 미루어 발리의 힌두문화는 자와섬 경유보다는 인도에서 직접 전해졌을 가능성이 높다. 929년 동부 자와에 꺼디리 Kediri 왕조가 형성되는데, 이때부터 동부 자와가 인도네시아 제도의 중심지로 떠오르게 된다. 이 시기에 인도 대서사시인 '라마야나Ramayana'와 '마하바라따Mahabharata'가 자와어로 번역되어 소개되면서 소위 **힌두자와 문화**Hindu-Javanese culture'가 형성되기 시작하였다. 라마야나는 기원전 6세기경 산스크리트어로 작성된 인도 대서사시로 라마 왕의 일대기를 다루고 있는데 6세기 이후 동남아시아에 전승되면서 특히 공연예술을 중심으로 동남아시아 문화의 중층적 문화구성에서 지대한 영향을 끼쳤다. 또한 마하바라따의 경우 기원전 3세기경 작성된 힌두역사서이자 힌두서사시로 문학작품의 성격보다는 백과사전적인 역사서 성격이 강하여 제5의 베다veda로 불리기도 한다.

한편 발리는 8세기부터 이미 인도문화의 영향을 받았지만 힌두자와 문화가 전반적으로 확산되기 시작한 것은 10세기 말인 꺼디리 왕조 때부터로 추정되고 있다. 발리 왕족은 동부 자와 왕족 간의 통혼을 통해 관계가 깊어져갔고 11세기에 들어서자 본격적으로 꺼디리 왕조의 영향권 안에 들어서게 된다. 발리 왕족 사이에서 자와의 궁중어가 사용되기 시작한 것도 이 시기부터이다. 1282년 발리는 자와 동부의 싱아사리Singasari 왕조에 의해 점령당하지만 이 왕조의 절정기는 8년 만에 끝이 난다. 이후 자와섬에 왕족 간의 흥망성쇠가 거듭되는 혼란을 틈타 발리에 뻐젱Pejeng 왕조가 들어서면서 잠시나마 발리는 자치권을 맛보게 된다. 뻐젱 왕조는 앞서 돼지 관련 신화에서 잠깐 언급했듯 돼지머리 왕인 달름 베둘루 왕 신화의 배경이 되는 왕조이기도 하다. 그러나 1343년 뻐젱 왕조는 중부 및 동부 자와를 정점으로 들어선 '마자빠힛 Majapahit 왕조'(1293~1527년)에 의해 점령당하면서 발리는 본격적으로 힌두문화에 직접적이고 광범위한 영향을 받게 된다.

마자빠힛 왕조는 방대한 힌두불교제국으로 인도네시아 전 지역에 걸쳐 힌두문화의 확산과 전개에 주요한 역할을 담당하였다. 15세기 이후 이슬람의 도래와 팽창으로 종말을 맞이하기 전까지 마자빠힛 왕조의 영토는 수마뜨라Sumatra, 말레이반도, 말루꾸Maluku, 뉴기니 New Guinea 에 이를 만큼 방대했다고 전해지고 있다. 이 때문에 마자빠힛 왕조는 인도네시아에서 긍지와 자부심의 상징으로 인도네시아인들에게 자국의 역사상 가장 위대한 제국으로 기억되고 있다. 지리적으로 동남아의 가장 광활한 영역을 차지했던 마자빠힛 왕조의 힌두문화는 산재되어 있던 동남아시아의 토착적 요소들에 상징적인 통일성을 부여한 외부 문명이었다. 현재까지도 힌두문화의 관념적 유산은 인도네시아는 물론 동남아시아 전반에 걸쳐 주요한 기저문화로 존재하고 있다. 그러나 자와 마자빠힛 왕조의 빛났던 영광은 15세기 이후 새롭게 도래한 이슬람문화의 팽창과 맞물리면서 16세기 중반에 결국 사그라지고 만다. 흥미로운 것은 당시 이슬람문화를 거부했던 힌두교도인 승려, 학자, 귀족, 예술가 등이 자와 지역을 떠나 대거 발리로 이주해 정착했다는 점이다. 홍수처럼 밀려오는 이슬람의 물결 속에서 이들은 발리섬에 거주하며 자신들의 힌두문화를 고집스럽게 지키고 발전시켜 나갔다. 이들은 발리에 힌두자와 문화를 이식해 실질적으로 발리의 주류문화를 이끌어 현재의 발리 문화 · 예술 · 종교의 근간이 되었다. 이때부터 발리의 역사는 자와—발리인 즉, 힌두자와—발리인 Hindu-Javanese-Balinese 에 의해 주도되기 시작했다. 유독 발리만이 주류 문화가 이슬람이 아닌 힌두교인 이유가 바로 이러한 역사문화적인 배경에 있다.

결국 발리는 이슬람의 영향으로 돼지고기 소비가 사라져가는 다른 지역과는 달리 부침 없이 돼지고기 소비를 이어갈 수 있었다. 이처럼 마자빠힛 자와인은 발리의 관념문화와 발리의 인구구성에 직접적으로 기여하였다.

고대 발리인과 돼지

음식문화의 전파는 추상적인 관념문화와는 달리 사람의 직접적인 경험과 밀접한 관련이 있다. 발리사회의 지배적인 돼지고기 소비문화는 과거 고대 발리인들의 생활상을 통해 유추해 볼 수 있을 것이다. 만약 발리인의 조상들이 예로부터 돼지고기를 즐겨먹는 취향을 가지고 있었다면 그것이 이어져 현재까지 광범위한 식문화로까지 자리 잡았을 가능성을 무시할 수 없다. 따라서 고대 발리인의 생활상에 나타나는 돼지 관련 사료들을 살펴본다면 현재 발리에서 나타나는 지배적인 돼지고기 소비 행태의 역사문화적 실마리를 찾을 수 있을 것이다. 우선 현 발리인의 조상 중 하나인 마자빠힛 자와인의 생활상부터 추적해보자.

인도네시아로 '저금통' 또는 '저금'을 '쩰렝안celengan'이라 한다. 그런데 이 'celengan'에 얽힌 단어의 유래가 무척 흥미롭다. 'celengan'은 멧돼지 또는 야생돼지라는 뜻을 지닌 단어 '쩰렝celeng'에서 파생된 단어이기 때문이다. 이러한 이유에서 인도네시아인들은 '저금'이라는 단어를 떠올리면 자연스럽게 '돼지' 이미지도 함께 떠올리게 된다. 흥미로운 건 인도네시아에서 돼지 모양의 저금통이 가장 많이 발견된 곳이 바로 마자빠힛 왕조의 중심지였던 '뜨로울란Trowulan' 지역 주변이라는 것이다. 인도네시아에서 발견된 대부분의 돼지 모양 저금통 유물은 이곳 마자빠힛 왕궁 터

그림 5 마자빠힛의 돼지저금통(Midori, CC BY 3.0)

주변에서 발굴된 것으로 시기적으로는 13~15세기에 제작된 것으로 추정
된다. 세계에서 가장 오래된 돼지 모양 저금통 유물 역시 바로 이곳에서
발견되었다(그림 5). 마자빠힛 왕조시대의 저금통은 돼지 외에도 코끼리,
거북이, 개구리 모양도 발견되지만 극히 소수이며 돼지 모양의 저금통이
대다수이다. 이는 다른 동물이 아닌 왜 돼지가 유독 저금통의 어원이 될
수밖에 없었는지 설명해준다. 인도네시아고고학 연구자료에 따르면 고대
자와어 Bahasa Jawa Kuno 에서 'celengan'이라는 단어는 발견되지 않지만, 멧
돼지나 야생돼지를 의미하는 'celeng'과 돼지우리를 의미하는 'pacelengan'
은 존재했다. 마자빠힛 왕조 시대부터는 문학작품을 제외하고는 일상에
서 현대 자와어 Bahasa Jawa Modern 를 사용했기 때문에 'celengan'은 적어
도 마자빠힛 시대 이후에 생긴 단어로 자와인들에 의해 퍼진 단어일 것으
로 추측하고 있다. 1938년도에 출간된 자와어-네덜란드어 사전 『Javaans-

바비굴링_발리인의 소울푸드

Nederlands Woordenboek』을 살펴보면 저금 관련 일련의 단어들이 기록되어 있다. 여기에서 'celengan'은 '저금하는 장소'를 의미하며, 'decelengi'은 '저축하다', 'dicelengake'은 '다른 사람을 위해 저축하다'로 풀이하고 있다. 또한 『인도네시아 대사전 Kamus Besar Bahasa Indonesia』에도 'celengan'이 돈을 모으기 위한 저금통이나 저금 또는 저축의 의미를 지닌 자와어에서 유래했다고 적혀 있다.

한편 뜨로울란 지역에서 발견된 돼지모양 저금통 유물로 마자빠힛 자와인의 생활상을 유추할 수 있다. 이곳에서 다수의 돼지 모양 저금통이 발견되는 것으로 보아 돈을 저축하는 습관이 적어도 마자빠힛 시대부터 있어왔음을 알 수 있다. 특히 그 주변에서 중국 주화의 일종인 '께삥 kepeng'도 함께 발견되는 것으로 미루어 중국 주화가 마자빠힛에서 상거래를 위해 통용되었고 일찍이 중국과도 교류가 있어왔음을 유추할 수 있다. 돼지저금통 입구의 크기가 께삥을 넣기에 적합하게 제작되었고, 발견된 주화 대부분이 중국 송나라(10~13세기) 것으로, 당·명·청의 것도 함께 발견되었다는 사실도 이러한 내용을 뒷받침해준다. 그러나 주화가 직접적으로 담겨진 돼지저금통은 아직 발견되지 않아 이를 두고 다양한 의견들이 제시되고 있다.

우선 이 돼지 모양의 점토 유물이 저금이 아닌 다른 종교적인 기능을 지닌 의례 도구였을 것이라는 의견이 있다. 그러나 동전 크기에 들어맞는 긴 직사각형 모양 구멍과 하단에는 돈을 꺼내 쓰기 위한 구멍까지 있어 저금의 용도로 쓰였을 것이라는 의견이 더 지배적이다. 훼손된 돼지저금통 유물은 동전을 꺼내기 위해 깬 흔적이며, 동전 없는 돼지저금통은 아직 사용하지 않았거나 팔리지 않은 상품으로 사료된다. 이러한 고고학적 자료들은 당시 마자빠힛 자와인들이 경제적으로 윤택한 삶을 누렸으며, 그곳의 통화가 교환의 수단뿐 아니라 가치 있는 저금의 수단이었음을 말해준다. 그러나 무엇보다도 이러한 사료들이 가리키는 것은 돼지가 오랫동안 마자빠힛 자와인과 일상생활을 함께해온 중요한 동물이었다는 것이다.

마자빠힛은 자와 동부의 비옥한 토지를 활용한 농업 기반의 국가로 국제 향료무역의 중계지이자 주로 쌀을 수출하는 교역 기반의 경제구조를 지닌 왕국이었다. 그러나 왕권의 정당성은 교역을 지배하는 것보다는 농업을 관장하여 풍요로운 수확을 얻는 데서 비롯되었다. 당시 고대 자와인이 지닌 식습관은 다양한 사료를 통해 찾아볼 수 있다. 우선 정화鄭和, Zheng He, Cheng Hoo, Cheng Ho 의 원정 때 통역관으로 15세기 초 인도네시아 자와 지역을 방문했던 마환馬歡, Ma Huan 이 남긴 저서 『Yingya Shenglan 瀛涯勝覽』에는 자와인의 식습관에 대한 기록이 남아있다. 정화는 명나라 3대 황제 영락제永樂帝 의 무슬림 환관이었다. 그는 1405~1433년 기간 동안 총 7차례의 남해 원정(동남아시아, 서남아시아, 아프리카 등)을 이끌었는데, 인도네시아 자와 및 수마뜨라 지역까지 방문했다는 기록이 남아있다. 그의 기록에 따르면 자와 주민들은 뱀, 개미, 각종 벌레, 지렁이를 불에 살짝 익혀 먹는 식문화를 가지고 있었다. 무슬림이었던 마환은 이를 더럽고 혐오스럽다고 표현했다.

자와인의 식습관에 대한 또 다른 기록은 1365년 불교성자였던 음뿌 쁘라빤짜Mpu Prapanca 가 집필한 고대 자와 서사시 『나가라끄레따가마 Nagarakretagama』에서도 발견된다. 『나가라끄레따가마』는 마자빠힛 왕조의 중흥기를 이끈 하얌 우룩Hayam Wuruk 왕에게 바치는 서사시로서, 마자빠힛 왕조과 다른 힌두자와 왕조들의 역사적 연대기를 고대 자와어 서사시로 표현하고 있다. 여기에는 마자빠힛 자와인의 의식주를 포함한 다양한 생활상이 표현되어 있다. 마자빠힛 왕족들은 멧돼지, 양, 염소, 닭, 소, 생

그림 6 가축화된 돼지

선, 오리를 즐겨 먹었던 반면 왕족들 중 독실한 힌두교 신자들은 힌두교적 금기로 인해 당시 평민들이 즐겨 먹었던 개구리, 지렁이, 거북이, 쥐, 개는 먹지 않았다고 기록되어 있다. 이 밖에도 인도네시아의 몇몇 부조를 통해서도 당시 자와인이 돼지, 멧돼지, 물소, 사슴, 염소, 소, 거북, 박쥐와 오리, 거위, 닭 등의 가금류와 그 알(주로 달걀)을 즐겨 먹었음을 알 수 있다. 이 밖에도 동부 자와의 마따람Mataram 왕조의 발리뚱Balitung 왕의 지시로 서기 905년에 완성된 꾸부 꾸부Kubu Kubu 부조에도 가축 상인이 묘사되어 있어 당시에 가축 사육과 매매가 활발했음을 알 수 있다. 특히 중부 자와의 보로부두르Borobudur 사원 하단 기단 층의 벽면에 위치한 까르마위방가Karmawibhangga 부조에는 가축화된 돼지가 묘사되어 있어 당시 돼지 사육이 일반화되었음을 유추할 수 있다(그림 6).

그렇다면 지금의 발리사회의 돼지고기 소비문화는 마자빠힛 자와인이 들여와 정착된 것일까? 그렇지는 않은 것 같다. 힌두자와의 영향을 받기 이전의 고대 발리사회에서도 돼지를 사냥하고 소비했음을 유추할 수 있는 사료들이 발견되기 때문이다. 발리의 생태환경은 산악지형이 많아 야생동물이 서식하기에 적합하여 일찍이 고대 발리인들은 멧돼지를 사냥하고 그 고기를 섭취해 왔다. 고대 발리인이 이미 돼지고기를 소비해 왔다는 증거는 발리 기안야르 Gianyar 군 베둘루 Bedulu 지역에 위치한 고대 유적지 '예뿔루 Ye Pulu' 사원에서 그 흔적을 찾을 수 있다. 예뿔루 유적지에는 식문화를 비롯한 고대 발리인의 생활상을 유추할 수 있는 다양한 부조들이 발견된다. 이곳에는 고대 발리인이 발리 전통주 뚜악 tuak 항아리를 지고 가는 모습, 말을 타고 있는 모습, 축제 때 음료를 마시는 모습을 비롯해 여러 동물들을 사냥하는 고대 발리인의 모습 등이 조각되어 있다. 그중에서도 거꾸로 매단 멧돼지를 이고 가는 사람들(그림7)과 사냥 도중 멧돼지에게 물리는 장면이 묘사된 부조가 눈에 띈다(그림8). 14세기경으로 추정되는 예뿔루 유적지의 부조는 마자빠힛 자와인이 발리를 점령하기 이전에 제작된 것으로 알려져 있다. 따라서 고대 발리인들이 마자빠힛 식문화의 영향을 받기 훨씬 이전부터 이미 돼지고기를 소비해 왔다는 추론이 가능하다.

예뿔루 사원이 있는 베둘루 지역은 지금부터 설명할 **'발리아가** Bali Aga**'**의 마지막 왕조였던 뻬젱 왕조의 중심지였던 것으로 알려져 있다. 뻬젱 왕조는 1343년 마자빠힛 왕조의 침략으로 멸망한 발리 왕조이다. 그런데 마자빠힛 왕조가 발리를 침략할 당시 이들을 피해 화산섬의 고지대로 도망쳐 현재까지도 그들만의 독특한 근원적인 전통문화를 고수하며 살아가고 있는 이들이 있다. 발리사회에서는 특별히 이들을 '발리아가'라고 부른다. 발리아가라는 용어는 이들 소수종족은 물론 그들이 거주하는 마을, 그리고 그들이 고수하고 있는 문화까지 한꺼번에 아우르는 복합적인 의미로 사용된다. 따라서 발리사회에서 발리아가의 문화는 힌두자와의 영향을 받지 않은 본연의 순수한 발리문화로 인식하고 있다. 현재 발리아가

그림 7 사냥한 멧돼지를 짊어지고 가는 고대 발리인(사진 제공: 알렉스 김)

그림 8 멧돼지에 물리는 고대 발리인(사진 제공: 알렉스 김)

는 주로 화산 고지대 부근에서 거주하고 있는데, 발리 인구의 2~3%를 차지하는 소수종족으로 독특한 문화와 관습을 지키면서 살아가고 있다. 발리아가는 다른 발리인들처럼 명목상으로는 힌두교인이지만 확연히 구분되는 독특한 문화와 관습을 지키면서 살아간다. 이들은 발리식 카스트제도의 원리를 따르지 않고 가부장적인 연공서열의 사회 원리를 따른다. 장례도 화장이 아닌 토장이나 풍장의 풍습을 지킨다. 또한 가옥을 비롯한 거주지의 형태 역시 일반적인 발리 마을의 그것과 확연히 구분된다. 이밖에도 영역이나 공간적인 측면에서 산/바다, 왼쪽/오른쪽, 연장/연소, 남자/여자의 이원적 구분이 명확한 것 등 일반적인 발리인의 문화와는 구별되는 점들이 발견된다.

흥미로운 것은 힌두자와의 영향을 받지 않은 고대 발리인, 즉 발리아가의 관념문화 속에도 돼지가 등장한다는 점이다. 발리아가와 돼지와의 관련성은 뻐젱 왕조에 얽힌 설화를 통해서 살펴볼 수 있다. 바로 앞서도 잠깐 소개했던 돼지머리 왕 베둘루 설화이다. **돼지머리 왕 베둘루 설화**는 『바밧 달름Babad Dalem』 역사서에 기록되어 있다. 이 설화는 돼지에 관한 발리인의 관념과 발리인과 돼지에 얽힌 문화적 정체성을 읽어낼 수 있어 면밀히 살펴볼 필요가 있다. 돼지머리 왕 베둘루 설화는 마자빠힛 자와인이 발리에 도래하기 이전 발리지역을 통치했던 뻐젱 왕조의 탄생과 몰락 및 마자빠힛 왕조의 부상에 얽힌 왕조설화이다. 돼지머리 왕 베둘루 설화는 다양한 버전이 존재하나 돼지머리와 관련된 내용은 공통적인 서사구조를 띤다. 뻐젱 왕조는 기안야르 군의 뻐젱 지역을 중심으로 8~14세기까지 발리섬을 통치했던 고대 왕조이다. 달름 베둘루, 일명 베둘루 왕은 뻐젱 왕조의 가장 마지막 왕으로 전해지는데, 1343년 마자빠힛 왕조에 의해 패하면서 역사 속에서 자취를 감추게 된다.

설화에 따르면 초자연적인 힘을 지녔던 베둘루 왕은 어느 날 자신의 힘을 과시하고자 본인의 머리를 잘라 '시와Siwa 신'이 있는 천계로 보낸다. 참고로 발리힌두교에서 시와 신은, '브라흐마Brahma', '위스누Wisnu'와 더불어 주요 삼신 중 하나이다. 오만한 베둘루 왕의 도발에 분노한 시와 신은 베둘루 왕의 머리를 돼지머리로 둔갑시켜버린다. 또 다른 버전의 설화에서는 베둘루 왕이 돼지머리를 갖게 된 이유가 시와 신이 베둘루 왕의 머리를 잘라 강에 던져버려서 어쩔 수 없이 이를 대신하기 위해 신하를 시켜 돼지머리를 잘라 가져오게 했다고 전해지기도 한다. 머리가 돼지로 변한 베둘루 왕은 수치스러움에 키높이 보좌 위에 올라 내려다보며 다른 사람들이 자신의 돼지머리를 바라볼 수 없게 했다. 그러던 어느 날 손을 다친 신하가 베둘루 왕의 식사를 준비하던 중 부주의로 자신의 피가 묻은 음식을 왕에게 드리게 되었는데 이 맛에 반한 베둘루 왕은 이때부터 인간의 피가 들어간 식사를 대령하도록 명한다. 이에 두려움에 떨던 발리 백성들은 저 멀리 자와의 마자빠힛 왕국에 있는 가자마다Gajah Mada 재상에게 이 사실을 알려 도움을 요청하기에 이른다. 보고를 받은 가자마다 재상은 베둘루 왕이 정말로 돼지머리를 하고 있다면 왕위에서 폐위시키겠다고 선포한다. 결국 자신의 정체를 들킨 베둘루 왕은 스스로 보위에서 물러난다. 또 다른 결말로는 베둘루 왕이 가자마다 재상의 손에 결국 죽임을 당했다는 이야기도 있다. 결국 뻐젱 왕조는 마자빠힛 왕조에 의해 멸망하게 된다는 것이 설화의 큰 줄거리이다.

역사적으로 마자빠힛 왕조는 발리를 침략해 뻐젱 왕조를 멸망시킨 후 귀족을 파견해 직간접적으로 발리를 통치하였다. 이후 힌두자와의 통치 체계가 이식되면서 발리에 새로운 겔겔Gelgel 왕조가 들어서게 된다. 『바밧 달름』은 바로 이 겔겔 왕족사가 기록된 공식 역사서로 겔겔 왕조를 이어받아 17세기 말에 등장한 '**끌룽꿍**Klungkung **왕조**' 시기인 18세기경에 기록된 것으로 추정되고 있다. 학자들은 끌룽꿍 왕조가 『바밧 달름』 역사서를 집필한 주된 목적에 주목하고 있다. 다수의 학자들은 돼지머리 왕 베둘루 설화가 마자빠힛 자와인과 발리아가 주민의 충돌을 상징화한 것이라고 역설한다. 발리아가의 마지막 왕은 탐욕스럽고 어리석은 돼지머리 왕으로 형상화되고 이를 무찌른 이는 현자로 유명한 마자빠힛 왕조 최전성기 때의 재상인 가자마다로 묘사되고 있기 때문이다. 새롭게 들어선 끌룽꿍 왕조가 힌두자와 문화를 꽃피웠던 겔겔 왕조의 정통성을 이어받은 왕조라는 점을 부각시키고자 역사서를 집필해 왕권의 정당성을 내세우려 한 것으로 해석된다. 여기에서 '돼지=발리아가'라는 메타포가 성립된다는 점을 주목할 필요가 있다. 그 이유는 베둘루Bedulu 의 어원적 유래에서 비롯된다. 'Bedulu'가 '다르다'를 의미하는 발리어 'beda'와 머리를 의미하는 발리어 'ulu'의 합성어로, 왕이 인간이 아닌 '다른 머리', 즉 돼지머리를 지녔다는 데에서 유래했다는 것이다. 또한 왕의 머리로 사용된 동물이 돼지였다는 점도 주목해야 하는 부분이다. 설화의 내러티브에는 역사를 비롯한 그 사회의 생활상은 물론 민족적·민중적 생활 감정이 담긴 관념체계도 함께 반영되어 나타난다. 신이 돼지머리를 주었든 스스로 돼지머리를 자신의 머리로 대신했든 중요한 것은 그 대상이 돼지였다는 점이다. 결국 돼지가 발리아가 종족의 일상에서 친숙한 동물이었음을 유추할 수 있다.

고대 자와인들은 발리에 힌두자와 문화를 이식해 발리의 주류문화를 이끌어갔고 이슬람을 피해 발리섬에 성공적으로 정착한 마자빠힛 자와인들은 이슬람의 영향으로 돼지고기 소비가 사라져가는 다른 지역과는 달리 부침 없이 돼지고기 소비를 이어갈 수 있었다. 게다가 기존에 발리에서 정착하고 살았던 발리아가 역시 마자빠힛 자와인이 도래하기 이전부터 멧돼지를 사냥해 먹어왔기 때문에 별다른 식문화의 충돌 없이 돼지고기 소비는 지속될 수 있었다. 현재 발리아가 마을들은 그 어떤 지역보다도 돼지를 식용과 의례용으로 많이 소비하고 있다는 점도 이러한 사실을 뒷받침해준다. 결과적으로 돼지는 발리섬에 원래 있던 발리아가 종족이나 이들을 밀어내고 주도세력으로 등장한 마자빠힛 후손이나 할 것 없이 공통적으로 자신들의 삶에서 중요한 동물이었음을 알 수 있다. 오늘날 발리에서 이들은 하나의 발리인, 좀 더 정확하게 말하자면 발리종족으로서 살아가면서 돼지고기 소비 관행을 꾸준히 실천해오고 있다. 결국 돼지고기 소비는 발리만의 독특한 식문화를 만들어내는 중요한 요소인 것이다.

식민통치와 발리돼지 흑역사

전통왕국시대에 발리와 외부세계 간의 무역은 17세기부터 본격화되었다. 특히 발리는 1620년부터 1830년대까지 자와 대상의 노예무역으로 명성을 떨쳤다. 17~18세기 발리 노예무역의 성격과 형태에 대한 기록은 명확하지 않으나, 18세기 말 발리에서 매년 적게는 천 명, 많게는 이천여 명의 노예들이 외부로 팔려나갔다는 기록을 확인할 수 있다. 또 다른 문헌에는 노예로 팔려간 발리인들이 지금의 인도네시아의 수도이지만 과거 네덜란드령 동인도Hindia Belanda 의 수도였던 바따비아Batavia 에서 가장 많은 인구 구성을 차지했다는 기록도 발견된다. 발리의 노예들은 바따비아에서 최소 두 배에서 최대 다섯 배 이상의 가격에 거래되었다. 발리 남부의 동서쪽에 두 곳의 항구가 존재했던 꾸따Kuta 지역은 발리 노예무역의 중심지였다. 발리왕족들은 노예무역의 상당 부분을 통제했고 그들이 행사하는 권력은 노예무역으로부터 나왔다. 그러나 1814년 인도주의에 입각한 영국의 노예제 폐지 정책의 등장에, 1815년 4월 인도네시아 숨바와

Sumbawa 섬에 위치한 땀보라Tambora 화산의 폭발까지 맞물리면서 발리의 노예무역은 사양길로 들어서게 된다. 화산 폭발은 발리섬에 심각한 재앙을 가져왔지만 아이러니하게도 화산재로 비옥해진 토양은 발리의 농업생산성 향상에 일조했다. 과거에는 쌀을 수입에 의존했으나 오히려 그보다 훨씬 더 많은 양의 쌀을 외부로 수출하고 있었다. 발리의 수출품에는 쌀 외에도 돼지, 야자껍질, 육포, 가죽, 면 옷감이 포함되어 있었다. 적어도 발리는 1825년부터 돼지를 수출하고 있었다. 발리 왕족들은 노예무역보다 더 안정적이고 더 많은 수입을 가져오는 수출 무역에 관심을 갖게 되면서 노예무역을 통해 외부로 유출되었던 노동력을 농축산물 생산을 위한 도구로 사용하기 시작했다.

1830년대 이후 발리를 둘러싼 네덜란드와 영국 간의 식민지 쟁탈도 발리 무역의 발전에 일조했다. 발리와 그 옆에 있는 롬복Lombok 사이의 해협이 오스트레일리아 대륙(당시 영국 식민지)으로 직접 갈 수 있는 중계지로 부상하면서 발리는 무역의 중심지로 떠오르게 되었다. 발리에서 활동했던 무역업자들은 기존의 수출 품목에 담배나 커피 같은 새로운 작물까지 취급하면서 더 많은 이득을 취할 수 있었다. 특히 발리 북부에 위치한 싱아라자Singaraja 항은 식민지 무역항으로 이름을 떨쳤는데, 1861년 자유무역항이 되어 물자 집하 항구로 발전했다. 게다가 싱가포르에서 수입된 대량의 아편이 이 싱아라자에서 정제된 후 자와로 보내지면서 발리는 거대한 부를 쌓을 수 있었다. 비록 1830년을 전후로 발리경제의 근간이었던 노예무역이 중단되었지만, 발리는 혼란한 국제 정세 속에서도 발 빠르게 대처하여 주변국들의 소비에 적합한 다양한 물품들을 공급하는 주목할 만한 상업 지역으로 성장할 수 있었다.

한편 네덜란드는 지리적으로 중계 무역에 적합한 발리에 지속적으로 눈독을 들였다. 발리 왕조 간의 패권다툼으로 정치력이 크게 약화된 시기를 틈타 네덜란드는 1846년 발리 불렐렝Buleleng 왕조와의 전투를 시작으로 지속적으로 발리의 각 왕국들을 공격해 차례로 점령해 나갔고, 1908년 결국 발리는 네덜란드 군에 완전히 복속되었다. 충격적인 것은 당시 밀려들어오는 네덜란드 군에 맞서 발리 왕족과 귀족들이 자신들의 단검을 뽑아들고 항복이 아닌 자살로 맞섰다는 것이다. 여기에 여성은 물론 아이까지 집단 자살에 동참했는데 무려 4천 명 이상이 목숨을 끊어 발리인의 형제애를 피로 실천하였다. 1908년 집단 자살로 네덜란드 군에 저항한 이 사건을 발리에서는 일명 '명예로운 죽음의 행진' 또는 '뿌뿌딴Puputan 사건'이라고 한다. 뿌뿌딴은 '끝내다/종결짓다/죽다'를 뜻하는 발리어 '뿌뿟puput'에서 파생된 단어이다. 사실 왕국의 난립으로 구심점 없이 살고 있던 발리사회에서 집단 자살로 저항의식을 표출했던 이 피의 역사는 발리인이라는 민족의식을 직접적으로 표출한 사건으로 볼 수 있다. 60년 동안 이어진 발리와 네덜란드 간의 싸움은 발리인들 스스로를 공동체로 상상하게 만든 시발점이 되었다. 네덜란드라는 외부 세력은 그들을 하나의 공동체로 인식하게 만드는 촉매제 역할을 했다. 특히 뿌뿌딴 사건은 발리인과 외지인의 경계를 명확히 한 인식론적 격변이 일어난 중대한 사건으로 인식된다.

네덜란드의 식민경제는 향신료 및 환금작물 재배 등 다양한 방법을 통해 유지되었다. 특히 수라바야Surabaya의 농축산물 무역은 네덜란드의 식민지 경제를 유지하는 주요한 수입원 중 하나였다. 동부 자와의 경우 수급 부족으로 많은 양의 농축산물이 발리를 비롯한, 미얀마의 랑군Rangoon(지금의 양곤), 베트남의 사이공Saigon, 태국의 방콕Bangkok, 싱가포르Singapore로부터 수입되었다. 그중 수라바야는 발리와 지리적으로 가까워 '돼지무역'이 성행했다. 다른 지역은 이슬람 금기로 돼지 수급이 어려웠지만 힌두지역인 발리는 주지하듯 오랫동안 돼지고기를 소비해왔기에 돼지를 공수해올 수 있는 최적지였다. 발리인들이 사육한 수천 마리의 돼지들은 덴빠사르 Denpasar 와 불렐렝 지역에서 중국 상인들로부터 사들여져 앞뒤 입구를 막은 기다란 대통우리에 담긴 채로 'KPM Royal Packet Navigation Company 쾌속선'에 실려 공급되었다. 발리의 돼지는 주로 수라바야로 수출되었지만, 스마랑 Semarang , 바따비아, 심지어 싱가포르로까지 수출되었다. 1920년대에 네덜란드인이 촬영한 무성영화 속에는 수천 마리의 발리 돼지가 싱가포르로 수출되는 장면이 담겨 있다. 무성영화에는 대통 우리에 갇힌 발리의 돼지들이 실려 나가는 장면부터 네덜란드인 관리가 발리 주민의 노동력을 착취해 항구에 정박된 배에 돼지를 실어 나르도록 지시·감독하는 장면까지 생생히 보여준다. 돼지를 넘겨받은 중국 돼지상인들은 하루에 세 번 여물을 먹여가며 산채로 운송했다. 그러나 엉망이었던 배 안의 위생환경 탓에 돼지 중 일부는 뭍에 오르기도 전에 죽어 바다로 던져졌다. 이때부터 사람들은 돼지를 실어 나르는 이 쾌속선을 '돼지 쾌속선 Pig Express '이라 부르기 시작했다. 흥미로운 것은 1924년부터 네덜란드 식민정부에 의해 발리가 본격적인 관광지로 개발되면서 이 KPM 쾌속선은 돼지가 아닌 관광객을 실어 나르는 운송 수단으로 탈바꿈하게 되었다는 것이다.

네덜란드의 발리에 대한 식민통치 양상은 인도네시아의 다른 지역과는 사뭇 달랐다. 타 지역에서는 향신료나 환금작물의 독점과 통제를 통해 경제적 이익을 취한 반면, 발리에서는 이국적인 자연환경과 힌두문화를 이용한 관광산업에 주목했던 것이다. 1920년대 수백 명이었던 발리의 방문객 수는 급격히 증가하여 1930년대에 들어서는 수천 명에 달했다. 이제

승객용 KPM 쾌속선에서는 더 이상 돼지를 찾아볼 수 없게 되었다. 그럼에도 불구하고 승객용 KPM 쾌속선은 발리가 식민정부의 관광지로 개발되는 상황을 못마땅하게 여기는 사람들에 의해 여전히 '돼지 쾌속선'이라는 이름으로 오르내렸다.

한편 네덜란드 식민정부는 1920년대부터 '발리 전통문화 복구 프로젝트 Baliseering'를 도입해 운영하기 시작했다. 이를 통해 발리문화 보호와 발리전통예술 교육을 강조하고 자연재해 등으로 붕괴된 사원을 재건하는 등 다양한 노력을 기울였다. 현재 발리하면 떠오르는 '낙원'의 이미지와 발리인의 '조화로움'과 '평화로움'을 중시하는 전통적인 이미지는 바로 이 시기에 만들어졌다는 것이 많은 학자의 중론이다. 호주 역사가 에이드리언 비커스 Adrian Vickers 는 네덜란드에 복속되기 이전의 발리인들의 성향이라는 것은 지금의 이미지와는 반대로 거칠었다고 역설한다. 발리인들은 사납고 야만스러우며, 신의가 없고 호전적이며, 일하는 것은 물론 농사를 짓는 것도 싫어했다는 것이다. 또한 발리를 문명화가 덜 되고 적절한 통치체계가 결핍된 곳이라 언급하며, 일례로 과거 발리인들이 과부를 화형에 처하는 야만적인 관습이 있었다고 설명한다. 미국 UCLA 교수이자 동남아전문가인 제프리 로빈슨 Geoffrey Robinson 역시 같은 맥락에서 조화롭고 harmonious 이국적이며 exotic 정치에 무관심 apolitical 하다고 인식되는 발리인의 이미지가 식민정부의 위상이 최고조에 달했던 1920년대 후반부터 폭넓게 받아들여졌으며 발리 전통문화 복구 프로젝트가 보수적인 식민정부의 비간접적인 통치전략의 일환이었다고 역설한다. 이로서 거친 발리인 Wild Balinese 은 춤, 음악, 회화, 조각, 의례, 축제 등을 사랑하며 정치보다는 자연, 예술, 문화, 종교에 관심이 많은 종족으로 묘사되기 시작되었다. 식민정부는 문화와 정치는 양립될 수 없다는 명제로부터 발리 문화시

민은 정치적인 그 어떤 것과도 공존이 불가능하다는 시각을 끄집어냈다. 결국 발리인의 정치적인 영향력은 약화된 반면, 발리인의 문화는 지속적으로 강화되었다. 이러한 인식론은 1920년대부터 식민통치가 막을 내릴 때까지 강하게 영향을 미쳤다.

발리가 조화롭고 평화로운 낭만적인 낙원의 이미지로 구축되는 과정에는 서구의 학자와 예술가들이 있었다. 인류학자 마가렛 미드Margaret Mead 와 제임스 분James Boon, 히크만 포웰Hickman Powell 등과 같은 서구 지식인들 및 예술인들은 서구사회에 발리사회의 전통문화와 관습에 대한 '오리엔탈리즘적' 관심을 촉발시켰다. 이들은 발리를 알리고 이후 식민정부가 발리를 관광지로 만들고자 하는 아이디어에 공급자 역할을 했다. 또한 발리의 몇몇 왕족들 역시 식민정부에 부역하며 발리 문화진흥정책에 협조했다. 이들은 관광에 필요한 인프라를 정비하고 서구의 예술가와 학자들을 초대해 발리전통문화 이미지를 구축해 나갔다. 문화적으로 발리가 서구의 예술가와 발리 예술가들의 교류 등을 통해 발리 문화의 르네상스를 맞이하게 된 것은 부인할 수 없는 사실이다. 그러나 식민정부의 발리문화보호 정책은 표면적으로는 이슬람의 영향으로 자와섬에서는 이미 소멸된 힌두문화를 보존하고 보호자하는 것이 목적이었으나 실상은 검은 속내가 숨겨져 있었다. 네덜란드 식민정부는 문화보호라는 명목으로 당시 자와섬을 중심으로 전개되고 있던 민족주의 운동으로부터 발리를 격리시키고 자신들에 의해 발리 원주민들의 문화가 잘 보존되고 있음을 보여줌으로써 식민정책을 향한 외부세계의 비판을 피하고 정당화하는 수단으로 이용하였다. 따라서 발리 서민들은 식민정부의 이 같은 행보를 그저 반길 수만은 없었다. 식민정부와 그들에 기생했던 발리왕족은 막대한 부를 쌓을 수 있었지만 정작 발리 서민들은 문화재건이라는 명목으로 빈번하게 동원되는 보상 없는 강제노동과 식민정부가 부과한 무거운 세금으로 심한 경제적인 압박에 시달려야만 했다. 관광발달 과정에서 식민정부를 통해 정치적인 안정과 관광산업의 원동력이 되는 다양한 인프라가 구축되었지만 실상 주민들은 대부분 가난한 상태에 머물러 있었다.

　식민통치는 발리경제에 커다란 변화를 가져왔다. 발리가 네덜란드 식민경제를 유지하는 주요 지역으로 부상하면서 발리의 경제규모 역시 동반 상승하였다. 과거에는 중국동전 께뻥 kepeng 이 일상용품 구매에 통용될 정도로 가치가 있었지만 식민경제 체제로 전환되면서 네덜란드 화폐의 가치보다 훨씬 못 미치는 수준으로 급락하기 시작했다. 필요한 물건을 구입하기 위해서는 기존보다 더 많은 경제력이 요구되었지만 발리인의 벌이는 형편없었고 심지어 무거운 세금까지 징수당했다. 특히 발리는 인도네시아의 다른 그 어떤 지역보다 많은 세금 징수가 이루어졌다. 식민경제 체제에서 발리인에게 부과된 세금은 토지세를 비롯해 소득세, 부유세, 수출입관세, 가로등세, 총기세, 자전거세, 부역면제세, 벌금 그리고 공동체 단위에 부과되는 종교의무세까지 그 항목도 다양했다.

　그러나 여러 세금항목 중 발리인이 가장 경멸했던 세금은 돼지 도살 때마다 부과되는 **'돼지도살세'**였다. 아무리 작은 크기의 돼지라 할지라도 이를 도살하기 위해서는 반드시 증명서를 발급받아야만 했다. 이로 인해 음성적인 돼지도살이 성행하게 되었고 이는 자연적으로 돼지공급 저하로 이어졌다. 결국 식민정부는 해결책으로 비허가 돼지도살을 신고하는 주민에게 보상을 하겠다는 규정을 내놓았는데 이로 인해 발리 공동체는 전례 없던 균열을 경험하게 된다. 게다가 식민정부가 세금은 반드시 네덜란드 식민화폐 Netherlands Indies cash 로 지불하라는 지방령을 시행(1919년에 발효)하면서 발리인들은 납세를 위한 현금을 마련하기 위해 고군분투해야만 했다. 이 때문에 발리인들은 돼지, 소, 야자껍질, 커피, 쌀과 같은 수출 품목의 생산량을 늘려 세금에 필요한 자금을 충당했다. 그러나 1931년 이후부터 경기가 바닥을 치면서 이러한 수출품의 가치마저 동반 하락했고 세금을 내기 위한 현금을 마련하기 위해 기존의 생산량을 배나 늘렸지만 수입은 이전에 훨씬 미치지 못했다. 1928년까지만 해도 강제부역 corvée labor 에 동원되는 발리인의 90%는 부역면제세를 지불할 능력이 충분했다. 그러나 1932년도가 되어서는 발리인 중 겨우 10% 정도만 부역면제세를 내고 강제부역을 면할 수 있었으며, 나머지 지불능력이 없는 발리인은 세금을 내기 위한 현금을 마련하기 위해 빈번한 강제부역에 시달려야만 했다. 따라서 앞서 언급했던 무성영화에 찍힌 장면은 바로 네덜란드 식민정부의 주머니를 채우기 위해 돼지 등짐꾼으로 강제부역에 동원되고 있는 비참한 발리인들의 현주소인 것이다. 결과적으로 발리의 풍부한 돼지는 네덜란드 식민정부의 '식욕'은 물론 그것의 수출을 통한 '경제적 욕구'까지 충족해주는 욕망의 전유물로 전락하게 되었다. 그러나 발리의 돼지 잔혹사는 여기가 끝이 아니었다. 네덜란드가 물러나자 이제는 일본이 발리를 통치하기 시작한 것이다.

1941년 진주만 공격에 참전한 일본이 같은 해에 싱가포르를 점령하고 1942년에 발리 사누르 Sanur 를 침공한 후 발리의 싱아라자 Singaraja 와 덴빠사르 Denpasar 에 군사령부를 설치했다. 일본은 제2차 세계대전 패망으로 발리에서 철수하기까지 꼬박 3년 동안(1942~1945년) 전쟁에 필요한 군수물자와 노동자를 무자비하게 수탈해갔다. 일본 식민정부는 군수목적의 산업용 기름을 생산하기 위한 목적으로 발리 가정의 주요 생계수단인 커피나 과일 같은 환금작물을 강제로 베게 하고 대신에 기름을 생산할 수 있는 작물을 심도록 강요했다. 또한 이들은 식용과 생계를 위해 발리 가정에서 키우던 돼지, 소 등의 가축들을 강제로 약탈해갔다. 심지어 의례 때 사용하기 위해 사원에 마련된 돼지 제물들을 강제로 가져가기도 했다. 발리인 뇨만Nyoman(가명) 씨는 식민지배 당시 일본 군인들이 저지른 만행 중 마을 사람들로부터 가장 큰 공분을 샀던 사건으로 의례용 돼지제물을 약탈하고 훼손한 사건을 꼽았다.

> "일본 식민통치 기간 동안 일본군들이 우리들한테 마을 의례로 바비굴링을 제물로 바치기 전에 미리 허락을 받으라고 강요했었어. 자기들이 바비굴링을 가져가려고 말이야. 문제는 말이지, 지들이 가져갈 바비굴링 개수를 세면서 돼지 몸통 위를 함부로 막 넘어 다녔다는 거야. 그래서였을까. 얼마 지나지 않아서 일본인들이 있었던 사무실이 불타는 사건이 발생했어. 이를 두고 마을 사람들은 신이 노한 거라며 수군댔었지." (Nyoman(가명), 61세, 남).

뇨만 씨는 네덜란드 식민정부보다 일본 식민정부가 훨씬 더 악랄했노라고 말한다. 최소한 네덜란드 관리들은 일본인 관리들처럼 의례용 돼지를 훼손하거나 탐내지는 않았다는 것이다. 비록 식민통치 기간 동안 수많은 돼지들이 수탈되었지만 발리인들은 일상과 의례적 삶에서 중요한 의미와 가치가 있는 돼지를 사육하고 지속적으로 소비해갔다. 1949년 인도네시아의 완전한 독립으로 마침내 발리의 식민 지배 역사는 종결되었다. 그러나 발리에서 돼지는 여전히 중요한 사회경제적 수단으로 커피, 야자 껍질, 담배, 소와 더불어 여전히 중요한 수출 품목이었으며 수라바야, 자카르타, 싱가포르까지 수출되고 있었다.

오늘날 발리사회에서 돼지 사육은 서민경제에 주요한 한 축을 담당하고 있다. 가정에서 1~2마리만 사육해도 손쉽게 적지 않은 부수입을 얻을 수 있다. 돼지 1마리의 가격은 무게 100kg 기준 약 400~450만 루피아 Rupiah(한화 약 35~38만 원)로 2023년 발리 최저임금이 약 271만 루피아(한화 약 23만 원)인 점을 감안한다면 돼지 사육으로 얻는 이익이 결코 적지 않음을 알 수 있다. 게다가 바비굴링이 주요 관광음식으로 자리 잡아가면서 발리 사회에서 돼지의 경제적 가치는 더욱 높아졌다. 발리인들은 일상과 의례 속에서 끊임없이 돼지고기를 소비하고 있으며 인도네시아에서 가장 많은 돼지고기를 소비하는 발리인에게 돼지고기는 그들의 사회문화적 삶을 구성하는 중요한 요소가 된다. 2012년 자료이긴 하나 발리에서만 200여 곳 이상의 바비굴링 전문 식당이 존재했으며, 매년 바비굴링만으로 약 92,000마리의 돼지가 소비되었다는 연구결과가 이를 뒷받침한다. 발리의 기나긴 돼지고기 소비 역사는 오늘날 발리를 인도네시아 최대의 돼지고기 소비 및 생산 지역으로 만드는 데 결정적인 역할을 했다. 마자빠힛 자와인이 이슬람을 피해 발리로 쫓겨 와 발리에 정착해 힌두자와 문화를 이어간 순간부터 발리는 인도네시아 열도에서 이질적이고 배타적인 공간으로 남게 되었다. 그리고 발리섬의 돼지는 이때부터 이슬람과 관련되어 이미지화되고 소비되는 새로운 사회문화적 과정을 겪게 된다.

특정 음식이 특정집단을 상징하는 표지가 되는 과정에는 그 집단의 생태환경적 요인, 음식의 생산과 소비의 역사 등과 관련이 있다. 네덜란드와 일본으로 이어지는 식민통치 경험은 발리와 타 지역 간의 차이와 경계를 강화하는 문화적 이질화와 지역화 과정을 이끄는 데 적지 않은 기여를 했다. 또한 독립 후 국민국가로 발전해가는 과정에서 네덜란드가 구축해 놓은 발리의 낙원의 이미지는 국가발전 전략 속에서 관광이라는 맥락하에서 지속적으로 소비되면서 발리의 음식문화 역시 '변용'의 과정을 겪게 된다.

사원에 빼곡히 들어 찬 천여 마리의 바비굴링

성수(tirta)를 뿌리는 힌두사제(pemangku)
(사진_ Edy Gautama)

밤까지 이어지는 바비굴링 의례
(사진_ Edy Gautama)

숨부(sumbu)를 높이 세우기 위해 함께 손을 모으는 발리 주민들

숨부(sumbu)를 바치며 간절히 기도하는 다하(daha)

숨부(sumbu)를 바칠 다하(daha)와 연구자

발리의 전통 공동식사의례 머기붕(megibung)(사진_ Edy Gautama)

발리 아이들의 공동식사(megibung)(사진_ Edy Gautama)

예뿔루(Yeh Puluh) 사원 부조 속 고대 발리인의 멧돼지 사냥(사진 알렉스 김)

더위를 피해 제단 아래에서 담소를 나누는 발리 주민들

1700년 바타비아(Batavia)에 팔려간 발리인 노예

곧추선 숨부(sumbu) 앞에서
찌뜨라(Citra)와 함께한 연구자

연구자를 물심양면으로 도와준 에디-꼬망 가족들

발리남성청소년의무조직 뜨루나(teruna)

발리여성청소년의무조직 다하(daha)의 美
(사진_ Edy Gautama)

격렬한 몸싸움을 벌이는 가마(jempana) 뺏기 의례

'제단'에서 '식탁'으로
: 발리의 돼지고기 소비

제 3 장

'제단'에서 '식탁'으로
: 발리의 돼지고기 소비

문헌에 묘사된 바비굴링

앞서 언급했듯 서구 지식인들과 예술가들은 발리에 거주하면서 지적·예술적 활동을 통해 발리를 서구사회에 알리는 역할을 했다. 그렇다면 이들은 발리사회의 바비굴링을 어떠한 시선으로 바라보았을까?

캐나다의 음악가 콜린 맥피 Colin Mcphee 와 그의 아내인 문화인류학자 제인 벨로 Jane Belo 는 1930년대(1931~1939년)에 자와 및 발리에 머물면서 발리 전통 오케스트라인 가믈란 gamelan 에 대해 연구하였다. 이후 본국으로 돌아와 1947년에 출간한 저서 『A House in Bali』(1947)를 통해 맥피는 발리에 관한 자신의 관심사인 음악 외에도 다양한 발리인의 생활상을 기록으로 남겼다. 특히 맥피가 남긴 기록 중 바비굴링에 얽힌 다양한 일화는 당시 바비굴링이 발리사회에서 어떠한 의미를 지녔는지 살펴볼 수 있어 눈여겨 볼 만하다. 맥피는 발리인들이 누군가에게 신세진 것에 대한 보답이나 선물로 돼지 한 마리를 잡아 은혜를 갚는 문화가 있음을 언급하며 이와 관련된 자신의 일화도 함께 소개하고 있다. 당시 그는 발리에 있는 동안 살 집을 짓기 위해 토지 임대를 위한 허가 절차를 진행 중이었다. 그러나 이 과정에서 예기치 못하게 마을 공동체의 반발을 사는 등 여러 껄끄러운 사건들을 겪게 된다. 바로 이때 맥피는 곧 있을 마을의 갈룽안 Galungan 의례 때 사용 할 바비굴링용 돼지 두 마리를 마을 공동체에 깜짝 선물함으로써 마을 지도자는 물론 마을사람들에게 환심을 얻어 위기를 극복할 수 있었다고 언급하고 있다. 발리의 주요 명절 중 하나인 갈룽안은 선조의 영령이 이 세상에 돌아오는 기간으로 10일간 계속된다. 이 시기에는 돼지를 비롯한 다양한 가축들이 도살되어 신을 위한 제물로 바쳐진다.

맥피의 저서에는 바비굴링에 관한 또 다른 일화도 있다. 그는 본국으로 돌아가기 전 자신이 발리에 있는 동안 신세졌던 지인들을 위해 작별연회를 열기로 마음을 먹는다. 백여 명에 가까운 사람들을 초대해 가물란 gamulan(발리 오케스트라) 음악에 맞춘 춤 공연과 식사로 바비굴링을 제공하기로 계획한다. 그런데 연회가 시작되고 사람들과 음식을 나누던 중, 그는 초대된 사람들이 음식을 다 먹지 않았음에도 하나둘씩 자리를 뜨는 것을 뒤늦게 알아차린다. 심지어 이들 중 일부는 채 음식도 받지 못한 상태였다. 이를 이상히 여긴 맥피는 자신의 옆에 앉아있던 발리인 지인을 통해 이 모든 것이 자신이 무심코 한 '어떠한 행동' 때문에 벌어진 일임을 알고 크게 당황한다. 맥피의 저서에는 언급되어 있지 않지만 발리 전통사회에서는 공동체의 의례나 연회 때 음식을 다 같이 나누는 '머기붕megibung' 이라는 공동식사 의례가 존재한다(그림 9). 특히 이 머기붕에는 동시에 음식을 먹고 끝내는 관행이 존재한다. 음식을 다 먹은 후에는 물이 담긴 세정 그릇에 손을 씻게 되는데, 문제는 이 손을 씻는 행위가 바로 공동식사

그림 9 공동식사 의례 머기붕

가 끝났음을 의미한다는 것이다. 게다가 다른 사람이 아닌 연회의 주최자가 손을 씻는 행위는 공식적인 종료를 알리는 간접적인 신호이기도 하다. 이러한 사실을 몰랐던 맥피는 식사 도구를 사용하지 않고 발리인들처럼 손으로 바비굴링을 먹던 중 돼지기름으로 손이 더러워지자 무심코 자신 앞에 마련된 세정 그릇에 손을 담가가며 씻는 행위를 반복했는데 이를 본 방문객들이 연회가 끝났다고 오해해 서둘러 자리를 떠버린 것이었다. 비록 연회에 초대된 사람들이 그에게 다가와 "정말 근사한 연회였고 최고의 바비굴링이었다"고 칭송했지만 연회는 그렇게 허무하게 끝나고 말았다. 의도치 않았던 맥피의 어이없는 실수로 애써 마련한 연회가 반쪽자리 연회로 전락해 버린 것이다.

앞서 본 답례용 돼지 사건과 반쪽짜리 작별연회가 된 바비굴링 사건으로 다음과 같은 사실들을 유추해 볼 수 있다. 맥피가 바비굴링을 나누는 발리인의 공동체 식문화에 무지했던 것으로 보아 적어도 1930년 당시 바비굴링은 서양인들이 자주 접할 수 있는 음식은 아니었던 것으로 보인다. 실제로 그의 저서에서 맥피가 처음 바비굴링을 접했던 것은 그가 발리에 있는 동안 도움을 줬던 현지 발리인들을 통해서였다고 언급하고 있다. 그들은 맥피가 본국에서 가져온 영 부실해 보이는 통조림 대신 직접 6주된 돼지를 잡아 바비굴링 요리를 선보였다. 그의 저서에는 이 특별한 바비굴링 맛에 반한 맥피의 심정이 잘 표현되어 있다. 이를 통해 당시 발리의 바비굴링이 지금처럼 돈을 주고 사먹을 수 있는 대중적인 상업음식이었다기보다는 '**의례용 음식**'에 더 가까웠음을 알 수 있다. 즉, 1930년대 발리의 바비굴링은 앞서 맥피가 마을 공동체의 마음을 돌리기 위해 갈룽안 의례 때 사용할 돼지 두 마리를 선물했다는 대목에서 알 수 있듯이 평상시에 흔히 먹을 수 있는 대중음식이나 상업음식보다는 공동체의 의례 때나 먹을 수 있었던 '귀한' 음식이었음을 유추할 수 있다.

맥피의 저서와 비슷한 시기인 1937년도에 출간된 미구엘 꼬바루비아스 Miguel Covarrubias 의 명저 『Island of Bal』에도 발리의 돼지와 바비굴링에 관한 기록을 찾아볼 수 있다. 당시 발리를 방문했던 꼬바루비아스는 우스꽝스러운 발리 토종 돼지의 모습에 깊은 인상을 받은 듯하다. 그는 자신의 저서에 삽화까지 곁들여가며 발리 토종 돼지를 "허리는 우스꽝스럽게 휘어 있고, 마치 무거워서 축 처진 가방처럼 둔부와 허리로부터 흘러내린 두툼한 살집의 뱃살을 바닥에 질질 끌고 다니는 존재"라며 유쾌한 언어로 묘사하고 있다. 또한 활기 넘치는 발리 시장의 풍경도 생생하게 기록하고 있다. 세일을 외치며 물건을 판매하는 상인들과 그 사이를 지나가는 사람들로 발리 시장은 북새통을 이루고 있다. 한편에서는 어린 돼지가 마치 갓난아이처럼 여성의 팔에 안겨 바구니로 옮겨지고, 그 과정에서 꿱꿱거리며 울부짖는 소리가 시장을 가득 메우고 있다. 그의 기록에 따르면 당시 발리 시장은 매일 열렸으며 큰 시장은 힌두력 기준으로 삼일장으로 들어섰는데, 세 곳의 마을이 설립한 시장연합을 통해 매일 교대로 관리되고 있었다. 특히 발리 시장은 '여성'의 공간으로 돼지를 운반하는 장정들을 제외하고는 남성은 거의 찾아볼 수 없었다. 당시 여성 환전상들은 5~7센트Cent 가치의 중국동전 께뼁Kepeng 꾸러미로 꽉 찬 작은 탁자 앞에 쪼그리고 앉아 손님을 기다리고 있었다. 옷가지와 수입 장식품을 판매하는 아랍 및 중국상 가게도 있었다. 시장 가격은 발리인과 마을 간의 관행적 합의를 통해 같은 마을의 현지인들에게는 가장 낮은 가격, 다른 마을의 현지인들에게는 조금 높은 가격, 그리고 외국인들에게는 가장 비싼 가격에 거래되었다. 참고로 당시 센트는 네덜란드 화폐로 더치 센트Dutch Cent 또는 더치 길더Dutch Guilder가 통용되었다. 시장의 평균 음식 가격은 현지인의 경우 25께뼁, 외국인들의 경우 2~3센트에 판매되었다. 당시 발리인들은 네덜란드 화폐를 사용하지 않고 값어치가 가장 낮은 순서대로 께뼁, 링깃Ringgit, 은 주화인 루피아Rupiah를 사용했다. 당시 루피아는 네덜란드 화폐로는 0.5~2더치 길더, 현지 화폐로는 1,200께뼁의 가치를 지니고 있었다.

당시 발리 일상에서 요리는 여성이 담당하지만, 의례용 제물로 바치는 돼지나 거북은 남성이 준비하고 요리했다. 그는 특히 당시 발리 여성들이 자신이 키운 돼지나 농산물 그리고 직접 만든 직물을 팔아 마련한 돈으로 가계를 책임지고 가정의 생계를 유지했다고 설명한다. 남성들은 주로 많은 노동력을 필요로 하는 논농사에 투입되었지만 당시 쌀은 중요한 수입원은 아니었다. 논농사는 주로 가정 내 소비와 의례 때 제물로 바치기 위한 영역이었고, 신에게 바치기에 부적합한 질 낮은 쌀이나 이모작 후 남은 쌀이 있는 경우에만 내다팔았다. 따라서 당시 발리인의 주요 수입원은

소, 돼지, 야자껍질 판매로 벌어들이는 돈이었으며 중국인 도매상을 통해 커피, 쌀, 담배를 팔아 벌어들이는 수입은 그 다음을 차지했다. 이러한 꼬바루비아스의 기록을 통해 당시 발리 여성들이 가정은 물론 시장에서도 경제적 주도권을 쥐고 있어 남성 못지않은 사회적 지위를 누렸음을 유추할 수 있다. 또한 그의 기록을 통해 1920~1930년대에도 발리에서 돼지는 여전히 중요한 상거래 수단으로 발리인과 일상을 함께해온 동물이었음을 알 수 있다.

한편 꼬바루비아스의 바비굴링에 관한 기록을 살펴보면 바비굴링이 반자르Banjar 공동체 의례 때 신에게 바치는 의례음식이라고 설명하고 있다. 참고로 반자르란 발리 마을의 관습적인 공동체를 말하며, 공동체노동조직을 일컫기도 한다. 특히 그는 공동체 구성원에 의해 바비굴링이 조리되는 과정에서부터 공동식사 머기붕을 통해 제공되는 방식까지 상세히 묘사하고 있어 눈길을 끈다. 오랜 시간에 걸쳐 조리된 바비굴링은 음식 준비 등 의례 준비 과정에 투입된 구성원들에게 나눠진다. 바닥에 바나나 잎을 깔고 그 위에 바비굴링을 썰어낸 고기조각과 튀긴 땅콩, 졸인 달걀 등의 다른 음식들을 올려놓고 그 주변에 다 같이 둘러앉아 함께 식사를 한다. 물론 야자로 담근 발리 전통주 아락arak 도 빠지지 않는다. 그가 묘사하는 바비굴링은 가정에서 즐기기 위해 조리되는 음식이 아니라 의례 때 공동체의 구성원들과 함께 요리하여 다 같이 나눠먹는 의례음식이다. 이는 그가 발리아가Bali Aga 로 유명한 뜽아난Tenganan 마을에 방문했을 당시 목격한 무려 7피트(약 2미터)에 달하는 제단에 빼곡히 들어찬 바비굴링 제물을 묘사하는 장면을 통해서도 알 수 있다. 결국 맥피와 꼬바루비아스의 기록을 통해 적어도 1930년대 발리에서 바비굴링은 상업음식보다는 의례음식으로 인식되었음을 확인할 수 있다. 그렇다면 당시 돼지 한 마리의 가치는 어땠을까?

마데 르바Made Lebah(1905~1965)는 발리인으로 네덜란드 및 일본의 식민
통치를 거쳐 독립 이후까지 격동의 발리 역사를 겪은 인물이다. 특히 그
는 맥피가 발리에 머무르는 동안 그의 운전수와 음악선생으로 그의 곁을
지켰던 인물이기도 하다. 호주 머독대학교Murdoch University의 아시아연구
센터 교수 캐롤 워렌Carol Warren 이 기록한 마데 르바의 구술사에는 1930
년대 당시 현지인의 시선에서 바라본 발리사회의 모습이 상세히 담겨 있
다. 특히 그의 구술사에는 1930년대 당시의 현지 물가를 가늠할 수 있는
자료들이 담겨져 있다. 그는 운전수로서 맥피로부터 매달 17.5루피아, 가
믈란을 가르쳐주는 대가로 22.5루피아를 받았다. 그 당시 10센트의 버스
비로 약 24km 거리인 뻴리아딴Peliatan 에서 덴빠사르Denpasar까지 이동이
가능했다. 그가 속한 발리 전통음악 공연단은 회당 5링깃을 받았는데, 이
는 커다란 돼지 한 마리의 가격과 맞먹었다고 기록되어 있다. 또한 호텔
관광객을 상대로 공연할 경우 회당 12링깃까지 받았다. 당시 1링깃이면
하루 동안 차량을 빌릴 수 있는 비용이었다. 당시 네덜란드 식민통치 초
기 5께뻥은 1센트sen , 500께뻥은 100센트 또는 1루피아였으며 2.5루피
아는 1링깃silver의 환율을 보였었다. 당시 물가와 환율을 종합해 볼 때 현
지인 르바는 서양인 맥피로부터 현지 물가를 훨씬 초월하는 높은 급여를
받았음을 알 수 있다. 특히 당시 환율로 계산해보면 돼지 한 마리 가격이
12.5루피아로 밥 한 끼의 가격이 0.2루피아라는 점을 감안한다면 이는 적
지 않은 비용이었음을 알 수 있다.

마데 르바는 콜린 맥피 부부가 평상시 소식小食 을 하고 육류를 즐겨하
지 않았지만 유일하게 좋아했던 요리가 바로 바비굴링이었다고 말한다.
바비굴링이 먹고 싶을 때면 차로 그 먼 거리에 있는 덴빠사르 시장까지

바비굴링_발리인의 소울푸드

가서 어린 돼지를 손수 구입한 후 비포장의 도로를 쉴 새 없이 되짚어 달려와 현지인을 시켜 바비굴링 요리를 해먹곤 했다고 전한다. 1930년 당시 바비굴링 요리가 식당에서 판매했던 상업음식이 아니었음을 유추할 수 있게 해주는 대목이다. 이는 마데 르바의 다른 이야기를 통해서도 알 수 있다. 그가 속한 공연단에서 수입이 있을 경우 구성원들끼리 공평하게 분배했는데, 특히 210일마다 돌아오는 갈룽안 의례 때 사용할 의례용 돼지는 공동의 수입에서 지출했다고 밝히고 있다.

결과적으로 꼬바루비아스, 맥피, 마데 르바의 기록을 통해 적어도 1930년대 발리에서 바비굴링은 식당에서는 사먹을 수 없었으며 '의례용'으로 공동체와 함께 소비되었던 음식이었음을 알 수 있다.

반면 이들보다 늦은 시기에 발리를 연구한 다른 서구 학자의 바비굴링에 관한 기록에는 의례용 음식보다는 '돈'을 주고 사먹을 수 있는 '상업음식'에 더 무게중심을 두고 있는 것을 볼 수 있다. 뉴질랜드 출신의 저술가 휴 마벳 Hugh Mabbett 은 1985년도에 발행한 저서 『The Balinese』에서 바비굴링을 만드는 현지인의 모습을 상세한 묘사와 함께 삽화로 남겼다. 그는 발리 음식 목록 중 가장 첫 줄에 올리는 음식이 바로 바비굴링이라고 소개하면서 이는 서양인들이 흔히 알고 있는 'suckling pig'와는 다른 음식임을 지적하고 있다. 휴 마벳은 바비굴링이 발리의 일반음식 common dish 이며 관광객들뿐만 아니라 현지인들도 먹는 음식이라고 언급한다. 그에 따르면 당시 기안야르 Gianyar 지역의 이름난 바비굴링 노점들이 흰 쌀밥, 돼지고기, 바삭한 돼지비계튀김, 내장, 순대 등을 담은 바비굴링 한 접시를 400루피아에 '판매'했다고 기록하고 있다. 휴 마벳의 기록에 따르면 당시 바비굴링 가격은 400루피아로 비싸지 않았다고 언급하고 있지만, 발리의 물가와 그가 현지인이 아닌 외국인의 입장에서 체감한 가격이라는 점을 상기한다면 당시 바비굴링의 가치를 재해석해볼 필요가 있다. 인도네시아 통계청 자료에서 1985년 당시 인도네시아 수도 자카르타의 쌀 가격이 kg당 약 360루피아였던 점을 감안한다면, 현지인에게 400루피아에 달하는 바비굴링 한 접시의 가격은 결코 저렴한 가격이 아니었음을 유추할 수 있다. 따라서 휴 마벳이 바비굴링을 발리의 일반음식이었다고 평가한 부분에 대해서는 좀 더 맥락적인 시각으로 재해석할 필요가 있다. 적어도 1980년대에 노점이나 식당에서 판매되었던 바비굴링은 발리 현지인이 일상적으로 소비하기에는 많이 부담스러운 가격이었다는 것이 좀 더 적절한 해석일 것이다.

그렇다면 지금의 바비굴링은 어떠한가? 현재 발리사회에서 바비굴링은 의례음식이자 동시에 상업적 대중음식이기도 하다. 성스러운 의례음식이었던 바비굴링이 어떠한 이유로 상업음식, 상업적 대중음식으로 '세속화'된 것일까? 이제부터 '제단'에서 '식탁'으로 가게 된 바비굴링의 역사문화적 과정을 본격적으로 추적해보자.

바비굴링의 세속화

국가통합에 이용된 종족음식

발리인의 지배적인 돼지고기 식문화는 단순히 발리만의 사회문화적 역동성의 산물은 아니다. 특정 지역의 변별적이면서도 독특한 식문화는 결국 '국가'라는 더 큰 단위에서 발생한 역사문화적 사건에 영향을 받아 생산·변형·발전된 것이다. 따라서 바비굴링을 인도네시아 음식문화사 속에서 통문화적 diachronic으로 고찰하면서 그 속에서 발리의 음식문화가 어떠한 위치를 차지하는지 살펴볼 필요가 있다. 이러한 시도는 발리인들의 바비굴링 소비, 크게는 돼지고기 소비가 어떻게 해서 인도네시아에서 변별적인 영향력을 갖게 되었는가를 이해하고 해석하는 데 실마리를 제공해 준다.

어떤 사회이든 음식에 대한 고유의 '음식분류체계'를 가지고 있게 마련인데, 그중에서도 국가 단위에서 이루어지는 음식분류체계는 국가를 통치하기 위한 하나의 전략적 '정치 수단'이 되기도 한다. 발리에서 돼지고기 요리는 발리의 음식분류체계 속에서 특정한 위치를 점하고 있다. 그러나 조금 더 깊게 들어가 보면, 이러한 발리의 음식분류체계라는 것은 인도네시아 국가 단위에서 정해 놓은 음식분류체계하에 '지역적 맥락의 분류체계'가 더해져 생긴 결과물로 볼 수 있다. 즉, 이러한 과정 속에서 음식은 지역음식이나 민족음식으로 지역이나 민족을 상징하는 문화 표상이 됨과 동시에 경제적 · 문화적 전략상품으로 자리 잡게 된다. 음식은 세계화 과정 속에서 동질화, 이질화, 혼종화되는 속성을 가지고 있지만 이는 역사 속 살아남은 음식들에 한한다. 어떤 음식은 몇 세기에 걸쳐 지속적으로 소비되어 그 이름과 조리법이 광범위하게 공유되지만, 어떤 음식은 잠시 관심을 받았다가 곧 잊히고 만다. 또한 분명 외부세계의 영향을 받은 음식임에도 불구하고 버젓이 그 사회의 전통적인 국민음식으로 인식되고 홍보되는 경우도 볼 수 있다. 이러한 사례들은 음식이 한 사회에서 생성 · 유지 · 소멸되는 원인과 자국음식 · 지역음식 · 종족음식 · 국민음식 · 토속음식 등으로 분류되어 인식되는 메커니즘이 무엇인지 고심하게 만든다.

2017년 인도네시아 관광부는 자국음식의 관광자원화 전략의 일환으로 '국민음식'을 선정하는 작업을 추진하였다. 이 과정에서 여러 음식들이 후보로 거론되었는데, 인도네시아의 대표적인 전통음식 '른당Rendang' 과 '소또Soto'가 마지막까지 치열한 경합을 벌였다. 'CNN이 선정한 가장 맛있는 음식 1위'에 오른 른당은 소고기(또는 물소고기)를 다량의 향신료와 코코넛밀크를 넣어 오랜 시간 동안 졸인 음식으로 인도네시아인은 물론 세계인의 입맛까지 평정한 음식이다. 반면 소또는 원래 중국에서 유래한 음식으로 돼지 내장이 주식재료인데, 이슬람 사회인 인도네시아의 식문화에 맞게 닭고기나 소고기로 대체되어 전국적으로 확산된 국물요리이다. 따라서 초반에는 세계적인 명성을 얻은 른당이 소또보다는 훨씬 강력한 후보로 거론되고 있었다. 그러나 인도네시아 관광부는 미낭까바우Minangkabau족의 종족음식인 른당보다는 비록 중국에서 유래했으나 토착화되어 인도네시아 음식으로 폭넓게 자리매김한 소또를 국민음식으로 선정하는 쪽을 택했다. 소또는 22곳의 지역에 걸쳐 75가지의 조리법이 존재할 만큼 인도네시아를 대표할 수 있는 '전통음식'이라는 것이 그 이유였다. 결과적으로 인도네시아 관광부가 소또에 무게를 실어주면서 국민음식의 타이틀은 소또가 거머쥐게 되었다. 2017~2018년 인도네시아 대륙을 뜨겁게 달군 국민음식 선정 이슈는 인도네시아 사회에 언뜻 보기에 전혀 이상 없어 보이는 '국민음식', '전통음식'의 개념에 대한 강한 의문점을 남겼다. 인도네시아 국민은 연일 기사화되는 다양한 국민음식 후보군들의 정보를 접하는 과정에서 뜻밖에도 전통음식이라 믿었던 소또가 사실은 중국음식이었음을 깨닫게 된 것이다.

음식이란 지역적 변이와 창조에 기초한 혼종적 성격을 갖고 있다. 인도네시아에서 전통음식이라 인식되는 수많은 요리들이 실은 아랍, 인도, 중국, 서양의 조리법이나 식재료의 영향을 받아 만들어진 결과물인 경우가 대부분이다. 에릭 홉스봄Eric Hobsbawm은 전통이라는 것이 우리 조상

때부터 흘러내려와 현재를 살고 있는 우리에게 고스란히 안착한 것이 아니라 근대 국민국가가 형성되는 과정에서 불특정 다수에 의해 창조된 것이라고 역설한다. 인도네시아는 1만 7천여 개의 섬으로 이루어진 군도로 식민통치 경험이 없었다면 하나의 국가로 엮일 수 없는 생태지리학적 특성을 지녔다. 따라서 현재의 인도네시아인들이 자신들이 소비하고 있는 음식이 '인도네시아 음식'이라고 인지하기 시작한 시점은 독립 후 '국민국가'가 형성되는 과정과 맞물려 있다. 인도네시아인들이 자국음식이라 여기고 전통음식으로 믿고 있는 요리들은 국민국가 형성과정에서 국가가 '국민통합'의 수단으로서 민족주의를 '창조'하는 과정 속에서 '만들어진 전통'으로, 국가의 정치적 노력에 의해 만들어진 결과물인 것이다.

인도네시아는 독립 후 정부가 구성되면서 다문화, 다종족으로 구성된 국민을 조국에 하나로 묶어놓는 수단으로 공통의 문화와 시민 이데올로기, 일련의 공통적인 열망, 감성과 사상을 제공해야만 하는 강박에 시달려왔다. 이러한 것들은 국민정체성을 구성하는 과정에 도움이 되는 요인이자 동인이 되기 때문이었다. 인도네시아에서 음식은 바로 이러한 수준에서 국민 정체성 형성에 기여해왔고 그 과정에서 정부정책과 인쇄자본주의는 촉매제 역할을 했다. 이와 관련하여 1967년 발행된 국가요리서적 『무스띠까 라사』Moestika Rasa는 전통 창조의 대표적인 사례로 인도네시아의 음식사를 이해하는 데 반드시 검토될 필요가 있는 사료이다. 『무스띠까 라사』가 인도네시아 전역에 걸친 수많은 음식들을 선별·구분하여 '인도네시아 음식'의 범주로 묶어 정의해 놓은 의미 있는 결과물이기 때문이다. 참고로 무스띠까moestika/mustika는 '보석', 라사rasa는 '맛'을 의미하며, 무스띠까 라사는 '맛의 보석'이라는 뜻을 지니고 있다.

수까르노Soekarno 정부는 1950~1967년까지 음식학술서적의 출판을 통해 국민 건강식에 대한 프로그램과 홍보활동에 열을 올렸다. 독립 이후 대통령이 된 수까르노는 다민족, 다문화로 구성된 인도네시아를 하나의 국민국가로 통합해야만 하는 과제에 직면하게 된다. 이러한 측면에서 음식은 인도네시아의 다양성을 통합하고 이질감을 극복할 수 있는 주요한 수단으로 인식되었다. 인도네시아 음식문화의 유산은 수많은 종족과 언어만큼 풍부하고 다양했지만 개인이 아닌 국가 단위에서는 체계적으로 문서화되지 못했었다. 이러한 정치사회적 배경하에서 7년의 작업을 거쳐 1967년 무스띠까 라사가 출간되었다. 인도네시아 정부는 『무스띠까 라사』를 통해 음식을 민족의 정체성으로 상징화하는 작업을 구체화시켰다. 수세기에 걸쳐 전해 내려온 수천 가지의 음식유산이 담긴 조리법에서부터 인도네시아 전역에서 수집한 최신의 조리법에 이르는 모든 것들이 『무스띠까 라사』에 집대성되었다. 무려 1,123쪽 분량에 1,600여 개의 조리법이 담긴 『무스띠까 라사』는 인도네시아 음식문화사에서 중요한 위치를 점하고 있다. 『무스띠까 라사』를 살펴보면 다음과 같이 흥미로운 특징들을 발견할 수 있다.

첫째, 지역이 아닌 음식의 종류별로 목차를 구성하였다. 『무스띠까 라사』에서는 인도네시아 음식을 45가지의 '주요리', 251가지의 '국물 있는 반찬', 456가지의 '국물 없는 반찬', 125가지의 '튀김 반찬', 69가지의 '구이 반찬', 63가지의 '삼발sambal(인도네시아식 고추양념)', 649가지의 '과자 · 떡 · 빵 등의 간식', 31가지의 '음료'로 분류하였다. 즉, 지역 구분을 통해 음식을 목록화 하는 대신 '음식의 종류'에 따라 목록화하는 방법을 택한 것이다. 명확히 특정 지역이나 종족 음식으로 분류되는 요리는 음식명 하단에 괄호로 표기하여 산발적으로 읽히도록 구성해 놓았다. 따라서 천여 쪽에 달하는 음식목록을 일일이 분류해보지 않는 이상 지역별 음식 비율을 가늠하기란 여간 어려운 일이 아니다. 음식문화 특질 내에서 국가를 인지하고 경험하도록 이끄는 의도적 편집을 통해 지역음식문화를 국가단위로 이끌려는 시도를 읽어낼 수 있다. 그러나 아이러니하게도 지역 명이 표기된 요리들은 오히려 더 두드러지게 특정 지역이나 종족 정체성을 상징하는 음식으로 못 박히게 되었다. 이로써 인도네시아 서북쪽 끝인 사방Sabang 에서 동남쪽 끝인 머라우께Merauke 에 걸쳐 산발적으로 분포되어 있던 수천 가지의 음식들은 명백한 인도네시아 음식으로 규정·합의되었고, 그속에서 일부 음식들은 명백히 지역·종족음식으로 재확인되었다. 『무스띠까 라사』에는 약 900가지의 지역 정체성이 담긴 요리들이 담겨져 있다. 이 중 발리 요리는 바비굴링을 포함해 73가지에 달한다. 흥미로운 점은 『무스띠까 라사』에 소개된 바비굴링의 조리법에 이슬람에서 금기시하는 '돼지 피'의 추출법까지 상세히 묘사되어 있다는 점이다. 이 밖에도 수라바야Surabaya , 마나도Manado , 발리의 몇몇 거북이 요리와 지금의 서 빠뿌아 지역인 서부 이리안Irian Barat 의 뱀 요리에 이르기까지 희귀 식재료를 사용한 요리들도 눈에 띈다. 『무스띠까 라사』의 음식 목록은 종족음식 어느 하나 예외 없이 자국의 음식에 포함시키고자 했던 정부의 의지적 산물이다. 이때부터 이미 발리종족의 음식 바비굴링은 인도네시아가 국민국가로 발전해가는 과정 속에서 원하든 원치 않든 국가통합의 수단으로 이용되고 있었다.

둘째, 인도네시아의 토속음식은 물론 아랍, 인도, 중국, 유럽의 영향을 받아 토착화된 음식들까지 모두 인도네시아 음식 목록에 포함시켰다. 즉, 자국음식의 범위를 확장시켜 지역 음식문화를 국가단위로 포섭한 것이다. 이 과정에서 중국 및 서양식 식재료, 조리법의 명칭들이 인도네시아어의 발음체계에 맞게 수정·표기되면서 다양한 음식 관련 용어들이 확립되었다.

마지막으로 자국음식의 국가적 표준을 마련해 국가 음식문화로 정착시키고자 하였다. 무스띠까 라사에는 간편식 형태의 아침식단과 풍성한 점심·저녁 상차림이 인도네시아의 표준식단으로 제시되어 있다. 특히 점심·저녁의 경우 일품요리를 지양하고 쌀, 옥수수, 사고, 카사바 녹말 등에 반찬이 곁들여진 형태를 표준식단으로 권장하고 있다. 또한 조리도구의 명칭 및 사용법, 계량의 기준 및 방법, 상차림을 다양한 삽화와 설명을 곁들여 상세히 소개하고 있다. 게다가 인도네시아는 전통적으로 손으로 식사를 하는 수식문화手食文化 권임에도 불구하고 세계화로 외래의 식문화가 이미 자국의 식탁에 영향을 미치고 있음을 부언하며 포크·나이프를 이용한 서양식 상차림법도 함께 제시하고 있다. 도구를 사용하는 서구의 식문화를 인도네시아의 식문화로 보편화하려는 정부의 의지를 읽을 수 있다.

음식은 공동체의 사회통합이나 소속감을 구축하거나 상징화하는 데 더할 나위 없는 훌륭한 도구가 된다. 정부는 국민들로 하여금 국가가 그린 맛 지도 내에서 국민적 소속감을 느끼고 자국의 맛을 구체적으로 인지하기를 원했다. 결과적으로 수까르노 정부가 국가 요리서적의 편찬을 통해 시도하고자 한 것은 공통의 음식문화를 통해 '인도네시아적 표준'을 구축하고 음식을 도구삼아 '국민정체성'을 구성하는 것이었다. 한편 수까르노 정권의 인도네시아 맛 지도는 그 뒤를 이은 수하르또Soeharto 정권에 이르러 본격적으로 다양한 색감의 지역 음식문화로 채워지게 된다. 이때부터 음식은 하나의 문화적 기준점으로서 지역을 가르고 구분하는 변별력의 도구로서 자리 잡아갔다. 이러한 결과를 가져온 데에는 수하르또 정부의 전략적 '지역문화육성' 정책이 결정적인 영향을 미쳤다. 수하르또 정부 역시 성공적인 '국가통합'이 가장 큰 당면과제였다. 그런데 아이러니하게도 수하르또가 대통령으로 등극하기까지 큰 역할을 했던 무슬림들이 오히려 국가통합을 이루는 데에 큰 걸림돌이 되고 있었다. 수하르또는 이러한 위기의 돌파구를 '다양성 속의 통일 Bhinneka Tunggal Ika'이란 국가 모토에서 찾았다. 그는 지역문화 육성을 통해 문화적 다양성을 추구함으로써 자신은 물론 국가통합에 위협이 되는 자와 Jawa 중심의 이슬람 세력을 견제하고자 했다. 수하르또 정부에 의해 육성된 지역문화는 국가경제의 중요한 수입원이 될 수 있는 최적의 '관광자원'으로 활용되었다. 이로서 외국인 관광객이 인도네시아로 들어오는 주요 입구인 수도 자카르타 Jakarta 는 다양한 종족문화의 전시장으로 변모해갔다. 여러 지역의 회화 및 수공예품으로 꾸며진 전시회가 붐을 이루었고, 곳곳에 종족의 전통문양에 영감을 받아 디자인된 고급 제품과 인테리어가 넘쳐 났다. 신공항 역시 다양한 종족의 전통문양으로 장식되어졌다. 종족 수공예품은 내외국인관광객들에게 불티나게 팔려 나갔고 해외로도 수출되었다. 지역의 춤공연단들이 수도로 초청되었고, 국영방송에서는 정기적으로 지역문화 프로그램들이 방영되었다. 인도네시아는 시나브로 종족문화에 중독되어 갔다. 수하르또의 전략적 국가 통합정책은 종족문화의 눈부신 부활을 가져왔다. 주목할 것은 이러한 종족문화의 부활은 경제적 맥락에서 국가의 관광자원으로 홍보·소비되는 과정에서 원래의 형태와는 사뭇 다르게 재생되었다는 점이다.

정부는 국가통합이라는 명목하에 종족정체성보다는 '인도네시아인'이라는 국민정체성을 부각시키고자 했다. 따라서 이 시기 종족정체성의 문화적 동원은 종족단위가 아닌 현대적인 '행정지역단위'의 범주 안에서 이루어졌다. 행정지역단위로 종족문화를 희석시키면 국가의 하부기관인 지방정부가 더욱 효율적으로 간접 통제가 가능했기 때문이었다. 종족문화는 '주州, province' 단위의 행정지역문화에 흡수·편입되면서 지방정부에 의해 관리 감독되기 시작했다. 정부의 관광홍보는 표면적으로는 원주민 집단의 문화적 자존감과 종족 자긍심을 높이는 것이었지만, 실상은 정부가 그려놓은 관광지도의 청사진에 선택되지 못한 원주민집단들을 억누르려는 의도가 숨어 있었다. 결과적으로 지역문화 간의 경쟁적 경합 속에서 종족문화는 약화되거나 지역문화에 병합되어 갔다. 원주민 고유의 종족적 전형은 국가의 관광진흥정책하에서 소비재로 전락하면서 변형, 과장 또는 왜곡되는 결과를 낳았다. 그럼에도 불구하고 정부의 주 단위 관광진흥정책이 단순히 부정적인 결과만 초래했다고 단정짓기는 이르다. 남부 술라웨시 Sulawesi Selatan 의 또라자족 Suku Toraja 이 보유한 또라자 문화가 이를 보여주는 사례이다. 삶보다 죽음에 더 많은 비용이 들어간다는 어마어마한 장례비용, 5~10년에 걸친 장례준비, 짧게는 한 주, 길게는 최대 일 년까지 소요되는 장례기간 등 또라자는 독특하고 이색적인 장례문화로 현재도 외국인 관광객들의 발길이 끊이지 않는 곳이다. 수하르또 정부 당시 또라자 종족문화는 발리문화와 함께 국가관광 홍보 최적지로 선정되었다. 이에 자극을 받은 남부 술라웨시의 다른 종족들은 국가가 정한 프리마돈나 대열에 합류하기 위해 '자발적으로' 고유의 문화특질을 '개선'하기 시작하였다. 종족문화가 관광산업의 매력적인 수단으로 부각되면서 종족정체성의 인식과 자기정의에 변화를 불러온 것이다. 경합을 통한 국가의 관광진흥정책은 남부 술라웨시 전역에 걸쳐 문화적 르네상스를 일으켰고 결과적으로 지역경제를 살리는 긍정적인 효과를 가져왔다. 이처럼 국가문화의 정수로 선정된 몇몇 지역문화들이 국가통합이라는 정치적 목표를 달성하는 데 이용·동원되었지만 그 속의 원주민들은 이러한 정치적 도전 속에서도 자신들의 문화를 재해석함으로써 자기문화적 정체성

바비굴링_발리인의 소울푸드

을 주체적으로 확립해나갔다.

수하르토의 행정지역 중심(명확히는 주 중심)의 문화진흥정책은 예술, 건축, 의례, 공연에만 국한된 것은 아니었다. 바로 '음식문화' 역시 이러한 정치사회적 흐름에 영향을 받았다. 지역음식 또는 종족음식은 중요한 관광수입의 원천이 되기 때문이었다. 결국 종족음식들은 주정부의 주도적 개입을 통해 그것이 지배적으로 소비되는 지역의 독특한 지역음식으로 탈바꿈되었다. 이를 테면, 빠당요리 Masakan Padang 는 이러한 현상의 대표적인 사례로 인식된다. 참고로 앞서 잠깐 언급했던 'CNN이 선정한 세계에서 가장 맛있는 음식 1위'로 선정된 른당 rendang 요리가 바로 이 빠당요리의 여러 반찬 중 하나에 속한다. 원래 빠당요리는 미낭까바우족 Suku Minangkabau 의 종족음식이지만 현재는 마치 서부 수마뜨라 Sumatra Barat 의 주도인 빠당 Padang 지역의 음식인 것처럼 환원되어 인식되는 것도 이러한 맥락에 기인한다. 주목할 점은 인도네시아 관광부가 관광의 세계화 전략 속에서 지역음식문화를 내외국인 관광객의 취향과 입맛에 맞게 개선하는 작업을 추진했다는 것이다. 이는 1984년부터 시작된 '인도네시아 문화조사연구 프로젝트'의 일환으로 구체적으로 실행되었다. 주요 내용은 인도네시아적 정체성을 토대로 국가문화를 강화하기 위해 지역문화 정수들을 체계적으로 연구조사하고 목록화하는 것이다. 이 과정에서 발리, 순다 Sunda , 자와 Jawa , 멀라유 Melayu , 부기스 Bugis 문화가 인도네시아의 5대 대표 지역문화로 선정되었다. 특히 지역음식문화는 국가문화 발전에 기여할 수 있는 주요한 문화요소로서 인도네시아 문화 조사연구 프로젝트에 포함되었다. 관광부는 특히 현지의 '지역전문가 집단'을 활용하여 체계적으로 지역음식문화를 연구했다. 이때부터 특정 음식은 특정지역을 상징하는 표지나 상징으로 굳어져 갔고, 음식은 특정 지역문화에 접근하는

통로로 이해되는 핵심개념으로 등장하게 된다. 발리의 돼지가 갖는 사회
문화적 맥락을 심층적으로 읽어내기 위해서는 바로 이 지점에 대한 이해
가 선행되어야만 한다. 돼지가 발리와 관련되어 이미지화되고 소비되는 본
격적인 사회문화적인 과정의 시작이 바로 이 지점에서부터이기 때문이다.

관광음식이 된 바비굴링

  발리인의 종족문화는 수하르또 정권 시기에 국가 최대의 과제인 국가
건설 사업 속에서 최고의 관광상품으로 등극하게 되었다. 수하르또 정부
의 제1차 경제개발 5개년계획(1969~1974)에 따라 외화 수입을 통한 국가 수
입증대 및 일자리 창출에 기여할 수 있는 관광산업이 개발 우선 분야로
선정되었는데, 그 중심에 발리가 있었다. 정부는 세계은행World Bank 의 조
언에 따라 프랑스 컨설턴트 팀을 통해 '발리 관광개발 기본계획'을 수립하
였다. 세계은행은 1971년 보고서(1974년 개정)를 통해 발리의 누사두아Nusa
Dua 에 425 헥타르ha 규모의 관광리조트 건설과 주요 관광지를 연결하는
도로 건설을 제안했다. 이러한 정부의 경제개발 정책의 일환으로 발리 지
역에 공항, 항만, 도로, 호텔 등 사회간접자본이 건설되면서 수하르또 집
권 기간 동안 발리 지역은 명실상부한 국제적인 관광지로 성장하였다. 발
리가 국제적인 관광지로 발돋움하자 1970년대부터 발리인들 사이에서 발
리에 실질적인 이익이 되는 관광의 원칙과 방향을 수립해야 한다는 목소
리가 일기 시작했다. 발리 경제 발전을 위해 관광은 필요하지만 이것이
발리문화에 위협이 될 수 있다는 인식이 발리 지식인들을 중심으로 제기
되었다. 이러한 배경 속에서 관광이 '문화기반'으로 개발되고 '발리힌두교'
가 근간이 되어야 하며 관광객 유치를 위한 진정성 있는 문화를 진흥시켜
야 한다는 **'문화관광**Cultural Tourism, Pariwisata Budaya**'** 담론이 형성되었다.

발리에서 전통문화의 시작점이 힌두교이고 이것이 발리관광을 구성해나 간다는 '발리힌두교 중심'의 문화관광의 논리는 음식문화에까지 영향을 미쳤다.

앞서 언급했듯 인도네시아 문화조사연구 프로젝트에는 발리음식문화 도 포함되어 있었다. 특히 발리음식문화는 관광부가 지원하는 '발리학 프 로젝트'의 일환에 따라 심층적으로 연구되었다. 당시 인도네시아 관광부 장관은 발리학 프로젝트의 시작을 공식화하는 자리에서 '발리학 프로젝트 를 통해 국가문화에 기여할 수 있는 발리문화를 지속적으로 보전하고 발 전시켜 나가자'고 설파했다. 그러나 여기에서 의미하는 보존·발전되어야 할 발리음식문화란 발리종족 또는 발리지역만의 두드러진 음식문화가 아 니라 인도네시아 국가문화의 큰 틀 속에 흡수되어 조화와 균형을 맞출 수 있는 퍼즐조각이어야 했다. 이러한 정치사회적 배경 속에서 1986년 인도 네시아 관광부는 발리의 우다야나Udayana 국립대학교의 문화연구 전문집 단과의 공동작업을 통해 **발리토속음식에 관한 연구보고서(**이하 **발리토속음 식보고서)'**를 출간하였다.

발리토속음식보고서의 서두에는 이 조사가 '문화관광'의 큰 틀에서 수 행되었으며, 이 결과물에 담긴 발리 음식문화가 의미 있는 지역문화로서 '국가문화'에 이바지할 수 있기를 기대한다는 내용을 직접적으로 밝히고 있다. 발리경제가 관광 중심으로 재편되는 상황에서 발리인들이 발리토 속음식을 어떻게 관광자원화 해야 할지 다룬 것이 이 보고서의 핵심 내용 이다. 발리음식문화 연구에서 이 보고서가 의미 있는 이유는 1980년도 당 시 국가통합이라는 정치적 이데올로기 속에서 국가가 요구하는 문화표준 을 '문화관광'으로 대응해나가면서 고유의 발리 음식문화의 특질을 지켜 내고자 했던 발리 지식인들의 적극적인 종족문화적 대응 노력을 엿볼 수 있기 때문이다. 국가 단위에서 발리음식은 관광수입을 높일 수 있는 효과적인 이익창출의 수단이었지만, 발리지역 자체로서도 발리만의 고유한 토속음식은 내외국인 관광객을 끌어들여 지역경제에 이바지할 수 있는 중요한 요소로 인식되고 있었다. 따라서 내외국인들에게 '잘 팔릴 수 있는' 상품가치가 있는 발리토속음식, 더 나아가 '이목을 집중시킬 수 있는' 독특한 발리 음식문화를 새롭게 정리하고 재구성할 필요가 있었다. 발리토속음식보고서는 이러한 고민의 결과가 집약적으로 나타난 연구결과물로서, 특히 발리토속음식을 전통적인 '발리힌두문화'에 위치시킴으로써 '발리 음식문화를 재해석'하려는 시도를 엿볼 수 있다. 여기에는 발리인이 지닌 독특한 세계관에 따라 발리음식이 분류되는 방식이 상세히 소개되어 있다. 또한 발리의 전통적인 음식분류체계가 관광이라는 맥락 속에서 스스로 경계를 허물고 협상되는 과정도 함께 살펴볼 수 있다.

발리토속음식보고서에 따르면 발리인에게 음식은 '성聖, sacred'과 '속俗, profane'을 기반으로 한 이원론적 세계관에 따라 '성스러운 음식'과 '성스럽지 않은 음식'으로 구분된다. 발리어로 성스러운 음식을 **수끌라**sukla **음식**', 성스럽지 않은 음식을 '**수루단**surudan **음식**'이라 한다. 특히 발리의 음식분류체계는 힌두교와 밀접한 관련성을 보인다. 성스러운 수끌라 음식은 힌두의례의 제물로 사용될 음식들과 힌두의례 시 사제계급에게 제공되는 음식을 말한다. 수끌라 음식이 의례의 제물로 사용되기 위해서는 올바른 식재료와 식기를 사용해야 함은 물론 겉과 속 모두 흠이 없어야만 한다. 수끌라 음식이 제물로 바쳐지면 속된 음식 영역인 수루단 음식의 영역으로 하락한다. 이해를 돕기 위해 수끌라 음식과 수루단 음식을 바비굴링에 대비해 설명해 보겠다.

바비굴링의 수끌라 음식으로서의 가치는 '살아있는 돼지의 사용'과 '돼지 꼬리의 유무'와 밀접한 관련이 있다. 실제로 의례 기간 중 발리 현지 가정을 방문해보니 집에서 직접 돼지를 키우지 않고 외부에서 돼지를 구입해 바비굴링을 요리하는 가정의 경우 절대로 미리 돼지를 사놓지 않고 통상 의례가 있기 하루 전날 구입하는 모습을 볼 수 있었다. 그 이유는 의례에 쓸 돼지가 좁은 대통우리에 갇혀 있는 동안 몸부림치다가 스트레스에 못 이겨 죽어버리는 경우가 왕왕 발생하기 때문이다. 죽은 돼지는 성스러운 수끌라 음식의 식재료로 사용될 수 없기에 각별한 주의가 필요하다. 또한 바비굴링을 조리하는 과정이나 완성 후 사원에 바쳐지기 전까지 꼬리는 반드시 온전히 사수해야만 한다. 행여 꼬리가 없어져버릴 경우 그 바비굴링은 흠이 있는 것으로 간주되어 더 이상 의례용으로 사용될 수 없기 때문이다.

"의례용 바비굴링은 절대로 꼬리가 없어서는 안 돼. 그래서 바비굴링을 다 만들고 난 후에는 반드시 꼬리를 잘 감싸줘야 해. 꼬리는 바비굴링의 완성체이거든. 꼬리가 없다는 것은 그 제물이 흠이 있다는 뜻이야. 쥐가 와서 먹든 고양이나 개가 와서 먹든 혹은 어떤 다른 이유에서건 꼬리가 없어지면 그건 제물로서 가치가 없는 거야. (중략) 그런데 잠깐 한눈을 판 사이에 꼬리가 사라져 버리는 경우가 종종 있어. 그러면 말 그대로 망한 거지(웃음). 제물로는 못 쓰고 그냥 가족끼리 나눠먹어야 해. 그래서 꼬리를 잘 지켜야 하는 거지. (중략). 바비굴링에 사용될 돼지가 의례가 있기 전에 죽으면 의례용으로 사용되지 못해. 돼지는 반드시 사람이 도살해야만 의례용으로 사용할 수 있어." (Gusti(가명), 50세)

흥미로운 것은 발리토속음식보고서에 수끌라 음식과 수루단 음식의 분류체계 외에도 '뼈따몬 petamon 음식'이라는 제3의 영역이 추가된 점이다. 뼈따몬 음식은 손님접대용 음식을 뜻한다. 손님이라는 단어에서 유래한 'petamon'은 손님에게 제공되는 식음료와 식기류의 의미까지 포함한다. 뼈따몬 음식은 성스럽지 않은 음식의 영역에 포함되지만 수루단 음식의 영역을 침범하지 않기에 오염의 여부를 따지지 않는다. 물론 신성한 의례를 주관하는 사제계급은 뼈따몬 음식의 섭취가 금지된다.

바로 이 뼈따몬 음식 영역을 통해서 근대 비서구사회와 서구사회 간의 문화 접촉으로 인해 야기되는 '문화 변용'의 과정을 읽어낼 수 있다. 사실 전통적인 발리 공동체 사회에서 뼈따몬 음식은 수루단 음식과 경계 지을 필요가 없었다. 공동체의 일원인 발리인들은 의례가 일상으로 생애주기 의례를 비롯한 다양한 의례에 참석해왔다. 특히 음식은 의례를 구성하는 주요한 요소로서 공동체의 구성원들은 함께 모여 음식을 만들고 그것을 나눠먹었다. 이때 음식 만들기를 비롯한 모든 의례의 준비과정은 사례가 아닌 철저히 상부상조를 바탕으로 이루어졌다. 그러나 발리의 급속한 관광화로 발리음식의 힌두문화적 요소 역시 변화를 가져왔다. 특히 이러한 변화는 특히 관광객 대상의 뼈따몬 음식을 중심으로 이루어졌다. 관광

이원론적 세계관에 따른 발리음식분류 체계

	성스러운 음식		성스럽지 않은 음식	
용어	수꿀라 음식		수루단 음식	뼈따몬 음식
구분	의례용 음식	사제용 음식	의례 종료 후 음식	손님·일반인용 음식
	힌두의례를 위해 준비된 의례용 음식	사제계급을 위한 음식	힌두의례를 통해 이미 제물로 사용된 음식	의례 하객, 손님, 일반인들을 위한 음식, 사제계급에게는 금지
조건	겉과 속 모두 흠이 없고 오염되지 않은 음식		속이 오염된 음식 겉이 오염된 음식	–
	올바른 식재료, 식기 사용 준수		–	

출처: 1986년 발리토속음식에 관한 보고서의 내용을 저자가 정리하여 표로 재구성

의 맥락 속에서 '경제적 대가'를 받고 제공되는 뻐따몬 음식에는 이제 관광객들이 선호할 만한 문화적 취향이 반영되어야 했다. 이에 발리 지식인은 국가가 요구하는 문화표준에 부합하면서도 발리 고유의 문화적 가치관을 훼손하지 않는 '문화관광'의 틀 안에서 전통을 재구성하고 재편성하는 노력으로 대응했다. 이러한 과정은 발리토속음식보고서에 새롭게 추가된 뻐따몬 음식 영역의 분류체계를 통해서 읽어낼 수 있다. 발리토속음식보고서에는 기존의 **'전통적 발리토속음식 분류체계'** 외에도 이를 응용하여 새롭게 마련한 **'관광객용 발리토속음식 분류체계'**도 발견된다. 이 두 분류체계를 비교해보면 다음의 세 가지 특징들이 발견된다.

첫째, 관광객용 발리토속음식 분류체계는 큰 틀에서는 기존의 전통적 발리토속음식 분류체계를 기반으로 하되 관광객들의 입맛과 취향을 고려하여 제공되는 음식을 '별도로 선별'해 구체적으로 명시한 점이 다르다. 보고서 출간 시점이 1986년이라는 점을 감안한다면 그동안 관광객을 상대하면서 쌓아온 경험적 지식이 반영되었음을 알 수 있다.

둘째, 관광객용 발리토속음식 분류체계에서 음료는 전통적 발리토속음식 분류체계와는 달리 음식의 하위 영역이 아닌 음식과 동일한 층위인 별도의 분류항목으로 설정되어 있다. 이는 음식과 음료를 구분하는 서구식 메뉴 구성을 수용했음을 의미한다. 또한 음료의 종류 역시 관광객이 자주 찾는 음료를 중심으로 그 수를 줄였음을 볼 수 있다.

셋째, 선별된 관광객용 발리토속음식은 관광객의 취향을 고려해 '맛'과 '서비스'에 변화를 주었다. 따뜻한 음식을 선호하는 관광객들의 취향에 맞게 온열용기를 사용하고, 음료는 시원함을 유지하기 위해 얼음을 넣거나 곁들인다. 또한 한 접시에 밥과 반찬을 섞어내지 않고 분리해서 별도로 제공한다. 단, 발리토속양념 바스그납 base genap 은 반드시 포함되어

그림 10 바스그납 양념

야 할 것을 분명히 명시하고 있다. 바스그납에는 기본적으로 여러 향신료가 포함되어 있는데 셜롯, 마늘, 생강, 강황, 고추, 레몬그라스, 갈랑강, 뜨라시 terasi(건조발효새우), 캔들넛, 고수 씨, 정향, 육두구, 계피 등을 사용한다(그림 10). 바스그납 양념은 발리 고문서 중 하나인 발리전통제례서 『다르마 짜루반Dharma Caruban』에 기록되어 있을 만큼 오랜 역사와 전통을 가지고 있으며 발리의 '향토적인 맛'을 그려내는 가장 강력한 요소이다. 타지나 타향에서 살고 있는 발리인이 이 냄새를 맡으면 반사적으로 고향인 발리를 떠올리게 된다. 홍어의 톡 쏘는 삭힌 맛, 특유의 싸한 냄새에서 전라도를 떠올리는 것과 같은 맥락이다. 발리인들에게 바스그납이 곁들여지지 않은 발리음식이란 상상할 수조차 없다. 관광객들의 입맛을 고려해 바스그납의 양을 조절할 수는 있으나 발리토속음식에서 바스그납의 사용은 절대로 빠질 수 없는 중요한 요소임을 강조하고 있음을 볼 수 있다.

한편 발리토속음식보고서에는 선별된 관광객용 발리토속음식 각각에 대한 상세한 조리법 및 가공과정이 명시되어 있다. 특히 바비굴링과 돼지의 삽겹살 부위로 만든 조림요리의 일종인 바비그놀babi genyol은 관광객용 발리토속음식의 반찬 중에서 고기 항목에 이름이 올라가 있다. 그런데 다른 음식들과는 달리 유독 바비굴링에만 조리·가공 과정 외에도 바비굴링이 갖는 종교문화적 배경을 부언해 놓은 점이 눈길을 끈다. 설명에 따르면 발리인은 바라던 일을 성취했을 경우 바비굴링을 만드는데, 이때 감사함을 표현하기 위해 오랜 시간 동안 돼지를 돌려 구우면서 신께 서원誓願한다. 바비굴링은 그 자체로 신에게 번영과 풍요를 기원하며 바치는 음식이며, 의례를 마친 후 손을 빌린 지인에 대한 답례음식이기도 하다. 즉 바비굴링은 신과의 소통, 신에 대한 감사, 단합과 친속을 강조하는 발리의 공동체 문화와 밀접한 관련이 있다. 특히 주목할 부분은 바비굴링이 단지 축제나 잔치의 목적만으로는 요리되지 않는 음식임을 강조하고 있다는 점이다. 이는 바비굴링이 본디 의례음식이었음을 반증한다. 그럼에도 불구하고 바비굴링은 관광객을 위한 발리토속음식의 목록에 버젓이 이름이 올라와 있다. 결국 바비굴링의 상업화는 관광의 맥락에서 발리문화와 서구문화 간의 문화적 협상과 교류가 만들어낸 결과물로 볼 수 있다.

이러한 내용들을 종합해보면 발리토속음식보고서를 작성한 발리의 지역전문가 집단은 국가가 요구하는 문화표준에 부합하면서도 발리힌두교적 가치를 유지하는 문화관광의 틀 안에서 고유의 문화적 특질이 손상되는 것을 최소화하는 방향으로 자신들의 지역 음식문화를 재해석했음을 볼 수 있다. 본연의 발리문화를 구성하는 여러 요소들이 국가의 이념적 기준에 여과되어 선별·취합된 결과물로 채워진 것이다. 결국 수하르또 정부의 문화진흥정책은 음식의 지역 간 차이와 경계를 강화하며 문화적 이질화와 지역화 과정을 불러왔다. 지역음식 간 차이와 경계는 세계화 속에서 관광의 이익을 극대화하기 위한 장치이기도 했지만, 동시에 중앙정부의 국가통합 압력에 대한 발리 원주민 종족의 대응과 자기 정체성 확인

과정에서 나온 복합적 과정의 산물이기도 했다. 이 과정에서 특정 음식은 특정 지역을 상징하는 표지나 상징이 되었다. 바로 이 부분이 발리의 바비굴링이 인도네시아에서 발리와 발리인을 상징하는 음식으로 부상하는 시기와 맞물리는 지점이다.

자, 이제 현 시점으로 돌아와 보자. 현대 발리사회에서 바비굴링은 어떤 음식인가? 관광객뿐만 아니라 현지인들까지 즐기는 상업적 대중음식의 길을 걷고 있지 않은가? 앞서 살펴보았듯 국가단위에서 바비굴링은 국가통합의 수단으로 이용되었고, 지역단위에서 바비굴링은 발리 지식인의 주도로 문화관광이라는 그럴싸한 명분하에 상업음식의 길을 걷게 되었다. 이제 주민단위에서 바비굴링이 대중음식으로 이행되는 과정을 살펴볼 차례이다. 주민단위, 정확히는 바비굴링을 판매하기 시작한 상인들의 이야기를 들어보자.

대중음식이 된 바비굴링

발리에서 바비굴링 맛집을 찾는 것은 어렵지 않다. '베굴링 Beguling' 또는 '바비굴링 Babi Guling'이라는 글자 위에 통돼지구이의 모습을 투박하지만 적나라하게 그려 넣은 바비굴링 식당의 간판은 관광객들이 몰리는 지역이라면 어디든 쉽게 발견할 수 있다. 그곳에 가면 외국인 관광객들과 현지인들이 부위별로 먹기 좋게 썰어낸 바비굴링 한 접시를 기분 좋게 비워내는 모습을 볼 수 있다. 그러나 의례의 장소가 아닌 식당이라는 상업적 공간에서 바비굴링을 판매하는 모습은 과거의 발리사회에서는 상상할 수 없는 광경이었다. 의례나 특별한 행사 때에만 먹을 수 있었던 바비굴링은 과거 우리네 잔칫날의 고기국과 같이 비싸고 귀한 음식이었다. 그 당시 마을사람들과 함께 만들고 나누었던 바비굴링은 돈과 교환해서 먹을 수 있는 상업적 음식과는 거리가 있었다. 바비굴링은 의례 준비에 참여한 구성원들이 의례를 마친 후에야 함께 나눠 먹을 수 있던 음식이었다. 그러나 지금의 바비굴링은 의례 때는 물론이거니와 그저 식당 문만 두드리면 누구나 즐길 수 있는 일반 음식이 되었다. 발리사회에서 의례 때에나 먹을 수 있었던 바비굴링이 이처럼 상업적 음식으로 변모된 이유는 어디에 있을까. 오랜 전통과 역사를 자랑하는 발리의 몇몇 바비굴링 식당을 중심으로 바비굴링의 대중적 상품화 과정과 그 배경을 추적하였다.

관광중심지 우붓Ubud 의 기안야르Gianyar 지역에 위치한 '이부오까 식당'은 명실공히 발리에서 가장 유명한 바비굴링 전문식당이다. 평일에는 약 오백 명, 휴일이나 주말에는 약 천 명의 내외국인들이 찾는 명소이다. 주인인 오까Oka 여사는 약 30년 동안 줄곧 바비굴링을 팔아왔다. 과거 그녀의 시어머니는 닭싸움장tajen과 시장 한복판에 작은 좌판을 차려 놓고 이리저리 발품을 팔아가며 바비굴링을 팔았다. 특히 닭싸움장은 몰려드는 구경꾼들이 많아 시어머니의 바비굴링은 날개 돋친 듯 팔려나갔다. 오까 여사는 1985년부터 시어머니의 장사를 이어받아 바비굴링을 팔기 시작했다. 그녀는 돼지 한 마리로 바비굴링을 요리한 후 정오부터 시작해 음식이 다 소진될 때까지 길을 돌아다니면서 바비굴링을 팔았다. 그러다 1990년경 우붓 왕족의 권유로 길거리 장사를 접고 사렌 아궁 사원 Puri Saren Agung 앞에 지금의 가게를 차리게 되었다. 오까 여사에 따르면 바비굴링이 가장 많이 팔리던 2008~2009년도에는 성수기의 경우 하루에 8~10마리, 비수기의 경우에는 하루에 3마리의 바비굴링이 소진되었다고 한다. 당시 바비굴링 판매 수익에 대한 세금으로만 1년에 무려 3억 루피아를 지불했다고 하니 얼마나 많은 바비굴링이 팔려나갔는지 가늠할 수 있다. 내외국인을 비롯하여 주말의 경우 천여 명의 관광객들이 방문하는 이부오가 식당은 관광지로서 발리의 명성을 드높이는 데 큰 역할을 하였다. 여행리뷰 웹사이트 'TripAdvisor'는 온라인 고객평가를 통해 총 5개의 항목 중 음식, 서비스, 가격, 분위기 4개의 평가항목에서 별점을 받은 이부오가 식당에 'Certificate of Excellence 2012'를 수여했고, 밀레 가이드 The Miele Guide 가 선정한 2011/2012 아시아 최고의 레스토랑에 이름을 올리기도 했다.

발리의 주도 덴빠사르 Denpasar 에 위치한 '짠드라 식당 Warung Candra' 역시 발리에서 손꼽히는 바비굴링 전문식당이다. 특히 짠드라 식당은 발리 외의 지역에서 온 비무슬림, 그중에서도 인도네시아 화인들이 즐겨 찾는 맛집으로 유명하다. 이들은 개별 자유여행과 단체 여행을 통해 발리를 방문한 뒤 이곳에 들려 바비굴링을 먹은 후 다양한 돼지고기 가공제품들을 다량으로 구매해 돌아간다. 짠드라 식당의 주인은 짠드라 Chandra(남, 60세) 씨이지만 실질적인 운영은 아들 와얀 Wayan 씨가 맡고 있다. 와얀 씨는 짠드라 식당에서 언제부터 바비굴링을 판매하기 시작했느냐는 질문에 다음과 같이 답했다.

> "짠드라 식당이 문을 연 지 36년째에요. 바비굴링은 아버지 때부터 팔았죠. (중략) 우리가 있기 전에는 바비굴링을 파는 식당이 없었다고 들었어요. 대부분 의례 때에만 사용했다고 하더라고요. (중략) 사람들이 바비굴링을 좋아했어요. (중략) 아버지한테 의례 때 사용할 바비굴링을 요리해달라는 사람이 생겨나기 시작했죠. 그게 바비굴링 장사의 시작이었어요." (Wayan, 남, 35세)

와얀 씨에 따르면 그의 아버지는 1980년대에 덴빠사르에서 주민들을

바비굴링_발리인의 소울푸드

상대로 본격적으로 바비굴링을 단독 메뉴로 팔기 시작했다. 바비굴링이 의례음식인지 상업음식인지를 묻자 그는 바비굴링은 원래 의례음식이며 예전에는 왕족들만 먹을 수 있었다고 답했다. 가난한 백성들은 값비싼 돼지를 구입할 만한 경제력이 부족해 십시일반으로 돈을 모아 돼지를 구입해 조리한 바비굴링을 신께 바쳤다는 것이다. 바비굴링은 발리의 토속음식으로 발리가 관광화되기 이전 아니 그보다 훨씬 앞선 마자빠힛 왕조 때도 먹어왔던 음식이었다는 게 그의 설명이었다.

"바비굴링은 확실히 의례 때에만 먹었어요. 의례가 있는 날에는 다 같이 바비굴링을 먹었죠. 예를 들면 의례에 한 마리나 두 마리의 바비굴링을 요리했어요. 거의 대부분의 의례에 바비굴링이 있죠. (중략) 사람들 말로는 바비굴링이 처음에는 왕족들만 먹는 음식이었다고 하더라고요. 그러니까 왕족시대에요. 백성들은 안 먹었죠. 예전에 들은 얘기로는 마자빠힛 왕조 시절에도 바비굴링이 있었다는 거에요. 왕족들만 먹었다는 거죠. 왜냐하면 (백성들은) 그럴 만한 능력이 없었으니까요. 그러니까 (왕족들이) 먹지 못하게 한 게 아니라 살 만한 능력이 없었던 거죠. 일반적으로 의례가 있을 때에 공동으로 다 같이 (돼지를) 구매했죠. 예를 들면, 의례 때에는 반드시 바비굴링이 있어야 하잖아요. 그래서 서로 상부상조했던 거죠. 그래야 바비굴링을 먹을 수 있으니까요. 다 학교에서 들은 얘기에요. 역사 시간에요. 언제 바비굴링이 만들어졌는지는 모르겠지만요. (중략) 저는 그 말에 동의하지 않아요. 바비굴링이 발리에서 관광이 시작된 1920년도에 생겨났다고는 생각하지 않아요. 아까도 말했지만 바비굴링을 먹었던 것은 1900년도가 아니라 더 오래되었거든요. 그게 역사예요."

(Wayan, 남, 35세)

덴빠사르에 위치한 '그렌쩽 Grenceng 식당'과 '멘삼쁘릭 Men Samprig 식당'은 외국인들에게는 잘 알려지지 않았지만 현지인들 사이에서는 유명한 바비굴링 맛집이다. 그중 그렌쩽 식당의 주인 뇨만 Nyoman (가명) 여사는 1965년부터 발리 이곳저곳을 돌며 바비굴링 행상을 하다가 이곳에 점포를 차려 정착하게 되었다. 그러나 그녀의 손맛은 발리인들 사이에서 이미 정평이 나있어서 점포가 없던 시절에도 그녀의 바비굴링은 이미 유명세를 타고 있었다. 바비굴링을 먹기 위해 그곳을 방문한 노인 까껙 Kakek (가명) 씨 역시 바비굴링은 특별한 날에만 먹을 수 있는 의례용 음식이었다고 말한다.

> "발리에서는 의례가 끝나면 반드시 바비굴링이 있지. 내 어머니 때도 할머니 때도 바비굴링은 있었어. (중략) 옛날이랑 지금이랑 바비굴링이 뭐가 다르냐고? 예전에는 바비굴링을 만들어야 했고 지금은 어디든 (사먹을 수 있는 식당이) 많다는 거야. 맨날 먹지는 않았어. 특별한 날에만 먹었지. 의례가 없으면 바비굴링도 없었어. 비싸니깐. 돼지 한 마리가 통으로 사용되잖아. 그런데 지금은 그냥 사먹지. 요리하는 게 여간 번거로운 일이 아니거든." (Kakek(가명), 71세, 남)

이부오까 식당의 오까 여사와 마찬가지로 그렌쩽 식당의 뇨만 여사 역시 처음 바비굴링을 팔았던 곳은 사람들이 많이 몰려 있던 닭싸움장이었다고 답했다(그림 11). 그녀는 1960년도에 이미 바비굴링을 판매하는 행상이나 노점이 존재했다고 설명했다. 즉, 1960년대의 바비굴링은 이미 상업 음식의 길을 걷고 있었다.

그림 11 발리의 닭싸움

"1965년부터 바비굴링을 팔았어. 이렇게 가게를 열어서 장사한 지는 5년 밖에 안 됐지. 그 전까지는 돌아다니면서 바비굴링을 팔았어. 꾸따 kuta, 스미냑Seminyak, 르기안Legian, 짐바란Jimbaran… 안 다녀본 곳이 없지. 원래는 닭싸움장에서부터 바비굴링 행상을 시작했어. 어머니랑 같이…(중략)" (Nyoman(가명), 65세, 여)

발리사회에서 바비굴링이 상업화되면서 전통적인 남녀의 역할 구분에 변화가 찾아오기 시작했다. 발리에서는 여성이 시장이나 식료품 가게에서 장사를 하고 가정에서 요리를 한다면, 남성은 자신이 속한 반자르 banjar의 의무를 이행하거나 '공 그룹gong group'에서 활동한다. 참고로 공그룹이란 마을 의례 등의 행사를 위해서 전통공연예술을 연습하고 공연하는 자발적 모임을 말한다. 여성이 공물을 만들고 돼지를 돌보며 빨래를 한다면, 남성은 닭싸움을 즐기고 고기와 식재료를 써는 '메밧mebat'을 하고 장례식에 참석한다. 메밧은 뒤에서 자세히 설명하겠다. 발리사회에서 이러한 역할 분담의 관행이 절대 깨져서는 안 된다고 말하는 이는 아무도 없다. 예를 들면, 남성이 공물을 만드는 것을 도와주는 경우도 있다. 그럼에도 불구하고, 깨지지 않는 관행은 분명히 존재한다. 이를 테면 여성이 닭싸움을 구경한다거나 공 그룹에서 연주를 하는 일은 적어도 자신이 거주하고 있는 마을에서는 절대로 일어나지 않는다. 발리의 전통적 역할 구분에서 남녀 간 구분이 존재하기는 하나, 남녀 간 이론상의 차별은 존재하지 않는다는 게 발리인의 설명이다. 원래 전통적으로 발리사회에서 의례용 바비굴링을 만들 때에 여성은 돼지고기를 다룰 수 없게 되어 있다. 남성들이 돼지와 속에 채워 넣을 식재료를 다듬을 때, 여성들은 공물을 담을 바구니를 제작하거나 그 바구니에 꽃 등의 제물을 담은 공물 짜낭 canang 을 만드는 등 상대적으로 힘이 덜 드는 업무를 담당한다. 이는 까껙 씨의 인터뷰를 통해서도 잘 드러난다.

> "예전에는 여자가 바비굴링을 만드는 일은 정말로 드물었어. 정말로 일할 사람이 없는 경우에만 여자가 했지. 여자들은 공물을 만드느라 바빠서 그런 일은 남자들이 했지. 그래야 했어. 안에 들어갈 식재료는 여자들이 시장에서 사오고, 남자들이 그걸 가지고 다듬고 조리를 해서 양념 속을 만들지." (Kakek(가명), 71세, 남)

그러나 바비굴링이 의례용 제물이 아닌 세속화의 길을 걸으면서 이러한 전통적인 성별의식에 대한 남녀의 역할 구분은 희미해지고 느슨해졌다. 그렌쩽 식당의 노만 여사는 사람들에게 판매할 바비굴링을 만들기 위해 여자인 본인이 직접 돼지의 배를 가르고 재료를 다듬고 양념을 만들었

노라고 스스럼없이 말했다.

> "1965년도에 바비굴링 행상을 시작할 때 난 아직 어린 아이였어. 내가
> 직접 돼지를 돌리고(굽고) 잘랐지." (Nyoman(가명), 65세, 여)

전통적으로 바비굴링은 공동체의 남성 구성원들이 '메밧mebat'이라는 과정을 통해 노동집약적으로 만드는 공동체의 의례적 산물이다. 메밧은 의례를 위해 마을의 반자르banjar에서 신에게 바칠 음식을 준비하는 전 과정을 일컫는 특수한 용어로 남성들만 참여가 가능하다. 보통 새벽 3~6시부터 메밧을 준비하는데 여기에는 의례 시 사용될 가축(닭, 돼지 등)의 도살 · 세척 · 절단을 비롯해 양념재료(보통 다양한 향신료나 향채로 구성) 다지기, 고기 굽기 등의 전 과정이 포함된다. 메밧은 제단이 차려지기 전에 이루어지는 과정이기 때문에 으레 의례와 관계없는 외적인 요소로 생각할 수 있지만 메밧 역시 중요한 '의례의 일부'이다. 바비굴링에서 메밧은 필수적인 요소로 전 과정은 공동체 구성원들의 상부상조로 이루어진다. 저자는 발리 동부의 한 마을에서 혼례식 의례를 위한 메밧의 전 과정을 지켜볼 수 있었다. 당시 마을 반자르 공동작업장에는 200여 명의 남성들이 모여 메밧을 시작했는데, 주요 식재료는 돼지로, 이날 총 7마리의 돼지가 도살되었다(그림 12). 여성들은 한쪽에서 쌀밥을 지어 여러 그릇에 담아놓고 그 위를 꽃으로 장식하거나 약간의 뒷설거지 정도만 담당하고 있었다. 나머지 요리와 관련된 메밧은 전부 남성들이 담당하고 있었다. 남녀의 역할 구분과 공간구분이 명확했으며 남녀 간에 대화도 거의 이루어지지 않고 있었다. 작업장 입구에서는 돼지가 차례차례 도살되었고 그 옆에서는 남성들이 숯으로 쓸 야자껍데기를 준비하고 있었다. 반자르 안쪽에는 양

그림 12 혼례식 돼지

넘을 준비하는 무리, 도살한 돼지를 부위별로 적당한 크기로 잘라 준비된
재료와 함께 다지는 무리, 돼지를 삶거나 끓이는 무리, 양념된 돼지를 꼬
지에 꽂는 무리 등 눈코 뜰 새 없이 분주했다. 마치 정해진 업무를 기계적
으로 수행하는 공장의 인부들 같았다. 4시간에 걸친 메밧을 끝으로 혼례
음식이 완성되었다. 메밧에 동원된 사람들의 몫과 마을 내의 모든 이웃
가정에게 나눠줄 몫으로 구성된 혼례음식이 용기에 담겨 평상 위에 차곡
차곡 쌓여갔다. 이렇게 모든 혼례음식의 준비가 끝나자 공동식사의례인
머기붕megibung을 끝으로 공동체의 혼례준비는 종료되었다. 저자가 지켜
본 메밧은 엄숙하고 장엄한 의례의 일환이었다(그림 13-15).

그런데 그렌쩽 식당의 노만 여사가 만드는 바비굴링에는 이 메밧의 과
정이 삭제되어 있다. 조리 공간도 마을의 공동작업장인 반자르가 아닌 집
이나 논밭이다. 만든 주체도 남성이 아닌 여성이다. 결국 노만 여사의 바

비굴링은 의례음식으로 볼 수 있는 그 어떤 요소도 담고 있지 않다. 바꿔 말하자면 메밧 없는 바비굴링은 신성성이 훼손되거나 단절된 것으로

그림 13 메밧에 열중하는 남성들

그림 14 분업을 통해 의례음식을 준비하는 마을주민들

그림 15 완성된 답례용 혼례음식을 포장하는 사람들

그 가치가 세속음식으로 환원되었음을 의미한다. 전통적으로 바비굴링은
'돈'과 교환해서 먹을 수 있는 음식이 아니라, 상부상조를 통해 의례의 일
환인 메밧의 과정을 통해서만 먹을 수 있는 음식이었다. 이랬던 바비굴링
이 '어느 시점'부터인가 경제적 대가를 지불하면 언제든 먹을 수 있는 상
업음식으로 변용된 것이다. 앞서 인터뷰한 바비굴링 전문식당의 주인들
이 바비굴링이 상업화된 상황에 당시 주민들이 어떠한 반응을 보였는지
를 언급한 부분은 바비굴링의 세속화가 전통과 관습을 소중히 여기는 발
리사회에 어떻게 받아들여질 수 있었는가에 대한 의문점에 실마리를 제
공한다.

"바비굴링을 사먹을 수 있어서 사람들이 얼마나 좋아했는지 몰라"

"번거롭지 않으니 좋아했지"

"언제든지 먹을 수 있으니 얼마나 좋아"

또한 까꾁 씨는 발리에서 바비굴링 판매의 시작을 크게 두 가지의 이유로 설명한다. 의례 때만이 아닌 평상시에도 바비굴링을 먹고 싶어 했던 사람들의 수요가 있었고, 생계를 위해 일거리를 찾던 발리 서민들이 이러한 수요를 간파하고 돈을 벌 수 있는 수단으로써 바비굴링 판매에 뛰어들었기 때문이라는 것이다.

> "예전에는 바비굴링을 식당에서 못 샀어. 집에서 만들어야 했지. 그래서 아마도 바비굴링을 만들어서 원하는 사람들한테 처음 팔았던 사람들이 있었을 거야. (그당시) 사람들은 가난해서 여기저기 일할 곳을 찾던 때니깐. 바비굴링이든 닭이든 뭐든 닥치는 대로 팔았지. 바비굴링을 파는 사람들이 생기면서 우리는 좋았어. 손주들이 먹고 싶다고 하면 사주면 되니깐… (중략)" (Kakek(가명), 71세, 남)

전통적인 발리사회에서 발리인들은 기나긴 메밧의 과정을 거쳐 신이 그 맛난 돼지의 육향을 다 흠향한 후에라야 비로소 바비굴링을 먹을 자격을 얻었다. 바꿔 말하자면 의례나 특별한 날이 아니면 이 맛 좋은 바비굴링은 먹어볼 수 없었다. 일상에서도 바비굴링을 먹고 싶었던 발리인의 욕망은 힌두교적 전통과 신앙 그리고 빈곤이라는 명목 아래 억눌려 있었다. 그러나 바비굴링을 먹고픈 이들의 욕망은 발리가 관광화되면서 자연스럽게 해결책이 나오게 되었다. 발리토속음식이 관광자원화되면서 신성해야 할 의례음식은 서서히 세속화의 길을 걷게 된 것이다.

앞서 발리토속음식보고서를 통해 의례용 음식인 바비굴링이 관광객을 위한 관광음식으로 변용되는 과정을 살펴보았다. 이것이 가능했던 것은 1920년대부터 KPM 쾌속선을 타고 서구의 관광객이 발리를 찾게 되면서 이들을 대상으로 발리토속음식이 관광음식으로 팔려나갔기 때문이다. 이때 발리를 방문한 서구인들은 의례 때 손님으로 초대되어 바비굴링을 대접받았고 그 맛에 매료되면서 현지인들을 시켜 바비굴링을 직접 요리해 먹기에 이르렀다. 현지인들은 이들로부터 소위 경제적 대가를 받고 의례음식인 바비굴링을 제공하는 현실에 서서히 익숙해져갔다. 바비굴링을 탐했던 발리인의 고삐는 이때부터 느슨해진 것으로 보인다. 결국 이들 역시 서양인이 그랬던 것처럼 바비굴링을 돈을 주고 사먹기를 욕망하게 된다. 현지인들 사이에서 유명한 또 다른 바비굴링 식당 멘삼쁘릭Men Samprig 을 운영하는 삼쁘링Sampring 여사는 바비굴링을 팔기 시작한 이유를 다음과 같이 설명하고 있다.

> "내가 12살이었을 때에도 바비굴링 장사를 하고 있었어. 과거에는 부모님이 이곳에서 생선이랑 거북이 고기를 파셨지. 닭싸움장에서는 나시소또nasi soto(국밥)를 팔았어. 문제는 이게 준비하기가 여간 번거로운 게 아니었다는 거야. 끓이기 위한 화덕도 있어야 하고 솥도 필요했지. 그러던 중 닭싸움을 구경하러 왔던 사람들이 부모님한테 그러지 말고 바비굴링을 팔아 보는 게 어떠냐고 제안을 했지. 바비굴링이야 다 준비해서 가져가면 되니까 솥도 화덕도 필요 없잖아. 그때부터 바비굴링을 닭싸움장에서 팔기 시작했어. 지금이야 닭싸움이 불법이라 많지 않지만 그때는 하루가 멀다 하고 있었으니 바비굴링이 정말 인기가 많았지."
> (Sampring, 여, 70세)

삼쁘링 여사는 사람들의 요구로 바비굴링을 팔았던 상황을, 까꼑 씨는 그에 더해 바비굴링을 팔 수밖에 없었던 당시의 빈곤했던 발리사회의 현실을 이야기했다. 신성한 의례음식을 일상에서 소비하려는 발리인과 거리낌 없이 그것을 만들어 팔았던 발리인, 이 모든 상황이 가능했던 것은 이미 발리가 관광화되면서 서구인에게 경제적 대가를 받고 바비굴링을 만들어 제공했던 경험이 있었기 때문이었다. 심지어 삼쁘링 여사는 노점이나 행상에서뿐만 아니라 사람들로부터 의례용 바비굴링을 주문받아 팔기까지 했다고 말했다.

> "보름이 다가오면 그때 사용될 바비굴링을 미리 주문받았어. 15마리에서 많게는 20마리까지 됐지. 의례 때 사용한다고 말이야" (Sampring, 여, 70세)

공동체 구성원들이 메밧이라는 의례적 과정을 통해 공동작업으로 만들었던 바비굴링은 발리에 관광의 시대가 열리면서 서구인에게 상업음식으로 판매된다. 이때부터 이미 바비굴링의 성과 속의 경계는 실질적으로 모호해졌다고 할 수 있다. 경제적 대가를 받고 바비굴링을 팔아본 경험은 이제 현지인들 사이에서도 적용되기 시작한다. 노점이나 행상 판매에서 더 나아가 의례 때 사용될 바비굴링까지 제공하기에 이른다. 바비굴링이 상업화되고 세속화되기 시작한 것이다. 바비굴링을 팔았던 1세대 상인들, 즉 부모 세대 때는 일정한 가게가 아닌 행상, 노점, 주문의 형태로 바비굴링을 판매한다. 그랬던 것이 2세대부터는 가게를 열어 바비굴링을 판매하기 시작한다. 바비굴링은 본격적으로 '상업적 대중음식'의 길을 걷게 된다. 바비굴링 식당은 몰려드는 손님을 감당하기 위해 본격적으로 숙련된 직원들을 고용해가며 바비굴링을 '대량'으로 생산 · 공급하기에 이른다. 발리에서 드디어 바비굴링의 '대단위 소비시대'가 열린 것이다. 이제는 내외국인 관광객은 물론 발리인들까지 발리 곳곳에 즐비한 식당에서 바비굴링을 맛볼 수 있다.

저자는 짠드라 식당의 바비굴링 작업장에서 바비굴링이 대량으로 생산되는 과정을 지켜볼 수 있었다. 그곳은 마치 잘 돌아가는 공장과도 같았다. 작업장에 들어서는 순간 불을 담당하는 화로 장인(남성)이 활활 타오르는 불 앞에서 부지런히 돼지를 돌려가며 굽는 장면이 눈에 먼저 들어왔다. 또 다른 한편에서 몇몇 남성들은 바비굴링 배 속에 들어갈 바스그납base genap 재료들을 도마에 올려놓고 잘게 다지고 있었다. 바스그납 재료들을 다듬어 씻고 설거지를 하는 여성들도 보였다. 그리고 작업장의 가장 안쪽에는 곧 도살될 돼지들이 죽음을 기다리며 결박된 채로 힘없이 옆으로 누워 있었다. 돼지 도살은 남성이 담당했다. 우선 버둥거리는 것을 막기 위해 노끈으로 돼지의 입과 네 다리를 칭칭 동여맨다. 두 명의 장정이 눕힌 돼지가 움직이지 않도록 꽉 붙잡고 있는 사이, 다른 남성이 잎에 성수tirta를 적셨다가 돼지에 흩뿌린 후 주술적 기도인 '만뜨라mantra'를 짧게 외운 뒤 순식간에 돼지 귀 뒤의 아래쪽으로 전방의 흉골 부분을 날카로운 칼로 찌른다. 나중에 순대urutan와 라와르lawar를 만들 때 사용하기 위해 흘러나오는 피는 커다란 통에 받아놓는다. 참고로 라와르는 잘게 다진 삶은 돼지고기 또는 돼지 내장에 야채와 여러 향신료 등을 섞어 만든 의례 음식으로 생 돼지피를 섞은 라와르를 라와르 메라lawar merah, 생 돼지피를 뺀 라와르를 라와르 뿌띠lawar putih 라고 한다. 돼지 도살을 담당한 직원은 비록 의례에 사용되는 돼지가 아닐지라도 꼭 힌두교적 교리에 따라 도살해야 한다고 전했다. 발리의례음식차림교본 고서 『다르마 짜루반』에 따르면 다리가 둘이나 넷 또는 기어다니는 동물을 도살할 때에는 그에 정한 규칙을 따라야만 한다. 발리인들은 동물이 의례용 제물로 희생되면 다음 생에서 더 높은 계급으로 태어날 수 있기에 이들에게 환생할 기회를 준 인간은 최고의 보답pahala을 받게 된다고 믿는다. 따라서 발리사회에서는 제물로 사용될 목적으로 동물을 도살한다면 이는 무자비한 살생이 아닌 선행으로 여긴다.

오늘날 발리섬을 대표하는 바비굴링은 식민통치 이전부터 발리사회에 이미 존재해왔던 성스러운 제물이었다. 바비굴링은 만들어지는 과정부터가 신성한 의례의 일환이었고 신에게 바쳐진 후에야 비로소 나눠 먹을 수 있었다. 그러나 오늘날 대중식당에서 판매되는 바비굴링은 언제든 사먹을 수 있는 세속적인 일반음식으로 성스러움은 찾아볼 수 없다. 바비굴링이 발리섬의 관광문화로 자리매김하기까지 관광음식 창출이라는 새로운 수요에 능동적으로 적응한 발리 상인들의 역할은 분명한 듯하다. 그러나 아직까지 풀리지 않는 의문이 있다. 이 작은 섬 발리의 토속음식 바비굴링이 어떻게 그 많은 외국인 관광객의 이목을 끌 수 있었는지에 대한 근본적인 물음이다. 바비굴링 식당 주인들은 하나같이 외국인 관광객의 바비굴링 수요가 폭발적으로 증가한 시기를 2006년 이후부터라고 입을 모은다. 이 시기는 2002년과 2005년 발생했던 발리 폭탄테러 이후 발리 경제가 서서히 회복세에 들어서는 시기이다. 발리 경제가 안정을 찾게 되는 2006년 6월 미국의 유명 요리사이자 방송인인 안소니 부르댕 Anthony Bourdian이 발리를 방문해 대중매체를 통해 바비굴링을 소개하면서 그 맛을 극찬하게 되는데 이때부터 바비굴링은 유례없는 주목을 받게 된다. 바비굴링은 이를 계기로 발리를 상징하는 요리로 표상화되는 전환점을 맞이하게 된다. 안소니 부르댕은 자신의 이름을 건 요리기행 프로그램 〈Anthony Bourdian: No Reservations〉를 통해 인도네시아의 여러 지역을 돌며 그곳의 음식과 문화를 소개하였다. 특히 방송에서 그는 인도네시아에서 맛본 여러 요리들 중 발리의 바비굴링이 여태껏 먹어본 중 최고의 돼지고기 요리라며 극찬을 아끼지 않았다. 그의 바비굴링 시식 장면은 유료 미디어 플랫폼인 미국의 Travel Channel 및 유럽, 라틴아메리카, 아시아의 Discovery Travel & Living을 통해 전 세계로 송출되었다. 안소니 부르댕에 눈도장을 찍힌 바비굴링은 수많은 애청자의 호기심을 자극하였고 발리섬에 가면 꼭 들러야 하는 관광명소로 자리 잡는 데 기여하였다. 시청자들은 그가 맛본 바비굴링을 자신들도 맛보기 위해 발리로 모여들기 시작했다. 그리고 안소니 부르댕이 방문한 이부오까 식당은 명실상부한 최고의 바비굴링 전문식당으로 이름을 날리게 되었다. 이후 바비굴링은 '안소니 부르댕이 극찬한 돼지고기 요리', '발리 최고의 돼지고기 요리'로 알려지게 되었다.

결과적으로 바비굴링이 '상품화'되어 상업음식으로 자리매김하는 과정에 '관광'과 '대중매체'가 큰 역할을 했음을 알 수 있다. 그리고 바비굴링이 발리 고유의 토속음식이며 발리인의 종족음식이라는 인식이 관광산업의 발달과 대중매체를 통해 점점 확산되면서 이러한 상징성은 이슬람사회인 인도네시아에서는 타자로 분류되는 기표가 되는 필연적 결과를 초래하였다. 타자성이란 결속과 정체성 강화를 위해 스스로 부여한 자기 정의이기도 하지만 외부적 요인에 의해 만들어지는 측면도 동시에 존재한다. 따라서 바비굴링의 발리적 정체성은 내부자적 자기 정의와 외부로부터 부여된 이미지들이 경합하고 타협하면서 만들어진 결과물인 것이다.

앤서니 코헨Anthony Cohen(1985)은 대량생산, 대량소비, 매스미디어의 발달, 교통과 통신의 발달로 인해 지역사회의 문화가 점차 동질화되는 과정 속에서 자신들의 문화적 독자성을 유지해나가기 위해 각종 상징적 자원을 동원하는 과정에 대해서 논한 바 있다. 이런 맥락에서 바비굴링은 내부적으로 발리인의 정체성을 강화하는 표지로 쓰이기도 한다. 비록 바비굴링이 상업음식의 길을 걷게 되었지만 그럼에도 불구하고 발리힌두의 전통과 관습을 지켜나가고 있는 발리인의 의식 속에서 바비굴링은 상업음식이라기보다는 여전히 공동체적 의례를 통해서 소비되는 제물이라는 인식이 더욱 강하다.

바비굴링은 언제나 발리사회에서 사회적 연결음식과 공동체의식, 공동체적 가치와 결속을 실현시키는 상징적 매개체 역할을 한다는 사실을 부정할 수 없다. 이러한 측면에서 외부인들의 바비굴링 소비는 발리인들로 하여금 자신들의 사회문화적 전통의 가치에 대한 믿음과 그에 대한 정당성을 확인할 수 있는 증거로 받아들여지게 된다. 발리를 찾은 내외국인 관광객은 여행지 발리에서 그곳 생활의 진짜 면모를 나타내면서 그곳만의 고유한 문화적 특질을 경험하기를 기대한다. 바비굴링은 바로 이러한 수준에서 관광객의 요구에 부응하여 상품화되었고 대중매체에 의해 확산된 바비굴링에 담긴 발리 정체성은 전략적으로 이용되고 홍보되어갔다. 반면 이슬람사회 속에서 바비굴링 요리는 이슬람과 비이슬람을 경계짓는 문화적 이질화를 초래했다. 발리가 국제적인 관광지로서 명성이 높아갈수록 바비굴링 요리는 관광이라는 정치사회적 맥락 속에서 발리의 대중음식으로 자리 잡아갔고 발리와 발리인을 상징하게 되었다. 현대 사회에서 바비굴링은 발리지역의 음식이자 발리종족의 음식으로 발리와 발리인을 표상하며, 발리인의 의례적 삶과 경제적 삶을 유지해주는 중요한 도구이다.

제3장 '제단'에서 '식탁'으로 : 발리의 돼지고기 소비

제 4 장

현대 발리사회의 의례적 바비굴링 소비
: 띰브라 마을의 사례

현대 발리사회의 의례적 바비굴링 소비
: 띰브라 마을의 사례

발리사회에서 바비굴링은 세속화의 길을 걷고 있지만 여전히 신을 위한 신성한 제물이다. 이번 장에서는 띰브라^{Timbrah} 마을의 사례를 통해 현대 발리인들이 바비굴링을 어떠한 방식으로 '의례적'으로 소비하는지 살펴보고자 한다. 인구 약 3천 명의 띰브라 마을은 발리 동부 까랑아섬 Karangasem에 위치한 작은 마을이다. 띰브라 마을은 관습마을^{desa adat} 중 하나이다. 관습마을이란 마을 내 공동체 사원 주변에 거주하면서 조상 대대로 힌두교를 믿는 주민들이 거주하며 관습법을 준수하는 마을이다. 발리의 관습마을은 우리에게 익숙한 행정마을^{desa dinas}과는 다르다. 관습마을은 마을 내의 세 개의 공동체 사원을 기반으로 관습법에 따라 운영된다면 행정마을은 영토를 기반으로 국가행정 체계에 따라 운영된다. 쉽게 말하자면 발리인들은 마을의례에 참여할 때는 관습마을의 운영규정을 따르되 민원행정 관련 업무를 처리할 때에는 행정마을의 운영규정을 따르는 것이다. 발리에서 관습마을과 행정마을 간 경계는 중첩되거나 교차되어 서로 공존하는 구조를 보인다. 특히 발리는 관습마을의 수가 행정마을

보다 배 이상 많아 관습마을이 실질적으로 발리사회를 이끌고 있다.

띰브라 마을은 특히 매년 두 차례 천여 마리의 바비굴링을 제물로 바치는 독특한 희생제를 지켜오고 있는 곳이다. 바비굴링 희생제는 발리힌두력에 따라 매년 시기가 다르지만 대략 3월과 7월경에 치러진다. 전자를 '우사바 달름Usaba Dalem', 후자를 '우사바 숨부Usaba Sumbu'라고 한다. 우사바 숨부 바비굴링 희생제는 하루 동안 진행되는 우사바 달름과는 달리 일주일 동안 진행되기에 띰브라 마을의 수많은 의례 중 가장 규모가 크다. 규모가 큰 만큼 노동의 강도도 세며 제사상을 마련하는 데 드는 경제적 부담 역시 상당하다. 그럼에도 불구하고 띰브라 주민들은 매해 정성스럽게 제단을 꾸미고 신께 바비굴링 제물을 바친다. 이처럼 띰브라 주민들, 더 나아가 발리인들이 고된 육체적 노동과 경제적 부담을 감수하면서까지 일생을 의례활동을 통해 제물을 바치는 이유는 무엇일까. 이를 이해하기 위해서는 우선 농경문화를 기반으로 형성된 발리사회 속에서 '신', '인간' 그리고 이들을 매개한 '의례적 음식'의 상관관계에 대한 고찰이 필요하다. 이는 발리사회의 의례적인 돼지고기 소비관행의 심층적인 맥락을 이해하는 데 유용한 인식의 틀을 제공한다.

신, 인간 그리고 의례음식

발리인이 믿는 힌두교는 현지어로는 '아가마 힌두 다르마Agama Hindu Dharma'로 보통 발리힌두교라 부른다. 발리힌두교는 발리 토착문화에 인도불교 문화가 중층적으로 혼합되고 1958년 국가가 요구하는 일신교(하나의 신을 섬겨야 한다는 교리)의 종교정책을 수용하면서 인도와는 다른 독자적

인 종교체계로 발전하였다. 인도의 힌두교와는 달리 발리힌두교는 명목
상 유일신인 '상향위디와사Sang Hyang Widhi Wasa'가 최고신으로 숭배되는
데, 사실상 '시와 신Dewa Siwa'과 동일시된다. 앞서 잠깐 언급했듯 원래 힌
두교에서 시와 신은 '위스누 신Dewa Wisnu', '브라흐마 신Dewa Brahma'과 더
불어 힌두교의 주요 3신 중 하나로 섬겨진다. 그러나 발리힌두교에는 시
와 신이 나머지 두 신의 화신으로, 두 신 모두 시와 신에 통합되는 구조를
보인다.

'발리Bali'의 어원은 '바치다'라는 뜻의 산스크리트어 '왈리Wali'에서 유
래했다고 전해진다. 특히 발리에서 음식은 사람이 먹기 이전에 신께 먼
저 바쳐야 한다는 인식이 폭넓게 자리 잡고 있는데, 이는 발리사회의 오
랜 농경문화의 역사와 직접적 관련이 있다. 특히 논농사와 관계된 발리의
전통적 관개농업 수리조합체계인 '수박subak'은 천 년 이상의 역사를 지

그림 16 발리 관개농업 수리조합체계 수박

바비굴링_발리인의 소울푸드

닝 문화유산으로 발리 사회의 사회문화적 근간이 되었다(그림 16). 발리의 수박은 유네스코 세계문화유산으로도 등재될 만큼 역사와 전통을 자랑하는 발리의 문화유산이다. 발리인들은 논에서 나오는 풍성한 작물이 신이 내린 선물이라 믿는다. 이는 과거 발리에서 '농사짓다bertani'가 '복종하다 mengabdi'의 의미를 지닌 발리어 '응아여ngayah'와 동의어로 사용되었다는 점에서도 알 수 있다. 음식은 신에 대한 경배와 복종을 통해 얻을 수 있었다. 수박 관계 시스템을 통한 의례 활동은 벼농사 주기에 따라 정기적으로 행해졌고 그때마다 적절한 공물이 제단에 올려졌다. 의례활동은 농민 개인은 물론 의례의 종류에 따라 다른 농민들과 협력을 통해 공동으로 수행되었다. 수박의 가장 큰 특징은 '사원'을 중심으로 이루어지는 수리조합 활동이다. 사원은 의례와 물 관리를 담당하며 수리조합은 관개와 농업에 관한 사회적, 행정적 절대 권한을 갖는다. 수박의 종교적 의례는 발리 농촌 지역의 조화와 평안을 가져오며 농촌사회의 안정적인 경제활동에 기여했다.

특히 발리 수박의 종교적 의례 활동은 발리힌두교를 믿는 발리인의 '뜨리히따까라나Tri Hita Karana' 철학과 밀접한 관련이 있다. 뜨리히따까라나 철학은 '신', '자연', '인간'의 세 요소 간의 균형을 강조하고 있다. 발리인은 이 철학에 따라 신이 선사한 자연환경을 잘 보전하고 보살펴야 한다고 여긴다. 또한 발리인들은 신 · 자연 · 인간 세 요소 간의 균형이 바로 '의례'를 통해 유지된다고 굳게 믿는다. 따라서 발리인들은 의례의 목적, 형식, 절차에 맞게 아름답게 장식한 꽃, 음료, 음식 등의 다양한 제물들을 신에게 바친다. 이렇게 함으로써 신 · 자연 · 인간의 조화로운 균형이 유지될 수 있다고 믿는다.

발리의 모든 의례는 '빤짜 야드냐Panca Yadnya'라는 틀 속에서 실천된다. 빤짜 야드냐는 '다섯 가지 공희'를 뜻한다. 빤짜Panca 는 숫자 '다섯', 야드냐Yadnya 는 공물이나 산 제물을 바치는 '공희sacrifice, 供犧'를 의미한다. 야드냐의 핵심은 희생과 제물이며, 힌두의례는 신에게 가까이 다가가기 위해 인간이 실천하는 일종의 순종적 행위이다. 인간의 생애주기 의례 모두 이 다섯 가지 공희 안에서 행해진다. 빤짜 야드냐는 '데와 야드냐 Dewa Yadnya', '삐뜨라 야드냐Pitra Yadnya', '르시 야드냐Rsi Yadnya', '마누사 야드냐Manusa Yadnya', '부따 야드냐Bhuta Yadnya'로 구성된다. 데와 야드냐는 창조주 신을 위한 의례, 삐뜨라 야드냐는 조상을 기리기 위한 의례, 르시 야드냐는 힌두사제의 임명과 관련된 의례, 마누사 야드냐는 인간의 생애주기와 관련된 통과의례, 마지막 부따 야드냐는 주변을 맴돌며 인간을 괴롭히는 악령들을 달래기 위한 의례를 말한다. 이러한 이해 속에서 발리인에게 음식은 단순히 생명을 유지하는 수단이 아니라 신과의 소통을 위해 바쳐지는 제물로 간주되며, 식사는 의미 있는 의례적 행위가 된다.

한편, 신·자연·인간 간의 균형을 유지하는 문제는 발리인들이 믿는 '우주적 세계관'을 통해 이해해야만 한다. 엘리아데Mircea Eliade 는 모든 인간을 '종교적 인간'으로 바라보면서 종교란 인간 사회의 보편적인 현상이며 오늘날에도 인간은 끊임없이 종교적 경험을 하고 있음을 역설했다. 이러한 엘리아데의 종교 철학은 띰브라 주민들, 더 나아가 발리인의 세계관을 이해하는 데 유용하다. 그에 따르면 전통사회에서 세계란 인간이 사는 '코스모스cosmos' 영역과 유령·악마·외인外人 들이 사는 정화되지 않은 혼돈의 공간인 '카오스chaos' 영역으로 구분된다. 여기에서 성스러움은 경계를 정하고 질서를 세워 세계를 창조하는 기능을 한다. 미지의 땅, 이질적인 땅, 점령되지 않은 땅을 '정화'를 통해 새롭게 하는 것이다. 특히 '의례'는 초월적 세계와의 접촉을 가능하게 하는 창구 역할을 한다. 종교적 인간에게 세계는 의례적 정화를 통해 매년 갱신되며, 그때마다 세계는 원초적 신성성을 회복한다. 따라서 엘리아데가 말하는 '종교적 인간'이란 기원의 시간에 존재했던 강하고 신성하고 순수한 세계로의 회복을 지속적으로 갈망하는 존재론적 강박관념을 지닌 존재이다. 이러한 측면에서 발리인들은 종교적 인간의 전형을 보여준다. 연중 쉴 새 없이 행해지는 의례행위는 발리인들의 삶을 규정한다. 특히 띰브라 주민들은 보통의 다른 발리마을보다 조금 더 엄격한 관습과 전통 속에서 집약적인 의례적 삶을 살아간다. 띰브라 마을은 전통적인 발리사회의 축소판이다. 결과적으로 발리인들에게 음식은 신을 소환하는 도구로, 그들이 그토록 염원하는 성스러운 신비스러운 공간으로 이끌어 신·자연·인간의 균형을 유지하게 하는 중요한 매개체이다. 따라서 음식은 올바른 방식으로 다뤄져야 하며 그것이 신(혹은 악령)에게 바쳐지기 전까지 특정한 문화적 형식과 절차에 따라 정화된 상태가 유지되어야만 한다.

제기, 제물을 비롯해 야드냐(희생제)에 사용되는 모든 의례적 수단을 '우빠까라upakara'라 하며 '반뗀 banten' 또는 '스사젠 sesajen'이라는 용어로도 사용된다. 제물은 제를 올리는 신의 대상에 따라 두 가지 형태로 구분된다. 발리에서 신은 천계 신 '데와Dewa'와 보통 악령으로 인식되는 하계 신 '부따Bhuta'로 구분되며, 데와에 바치는 제물을 '짜낭canang', 부따에 바치는 제물을 '짜루caru'라 한다. 짜루는 악령을 달래는 '부따 야드냐Buta Yadnya 때 드리는 제물이다. 부따 야드냐는 바로 앞에서 설명했던 다섯 가지 공희 빤짜 야드냐 중 하나이다. 힌두교적 우주관에 따르면 인간은 우주의 일부로, 우주는 대우주macrocosm 이며 그에 대응하는 인간은 소우주 microcosm 이다. 여기에서 악령인 부따는 철학적으로 대우주와 소우주 내 요소들의 불균형이 야기한 어두움·악을 뜻하는데, 발리인은 만병의 근원이 이 불균형이 가져온 혼란 때문이라 믿는다. 부따 야드냐 때 동물을 희생 제물로 사용하는 이유는 대우주와 소우주 간의 균형을 유지하기 위한 것이며 이는 앞서 설명한 뜨리히따까라나 철학의 실행으로 이해될 수 있다. 힌두경전 '마나와 다르마사스뜨라Manawa Dharmasastra V.40'의 기록에 따르면, 야드냐(희생제)에서 의례용 도구로 사용된 동식물은 다음 생에서 더 높은 계급으로 태어나며, 이들에게 환생할 기회를 준 인간은 최고의 보답pahala을 받는다. 짜루의 주요 제물로 동물을 사용하는 것은 야만성에서 인간성을 거쳐 신성성으로 올라갈 수 있는 방법이다. 즉, 희생제물은 인간이 신에게 다가갈 수 있게 하는 통로가 된다.

야드냐(희생제)를 치룰 때 발리인은 다양한 동식물을 희생 제물로 사용한다. 발리의례음식차림교본 고서에 따르면 의례용 동식물의 식재료를 거위, 오리, 닭과 같은 '두 발 달린 개체', 돼지, 소, 염소와 같은 '네 발 달린 개체', 잠자리, 메뚜기와 같은 '여섯 발 달린 개체', 거북이, 뱀장어와 같은 '기어 다니는 개체', 마지막으로 '식물'의 다섯 가지로 구분하고 있다. 이 중 동물의 희생제물을 특별히 '삿와 우빠까라satwa upakara'라 칭한다. 삿와 우빠까라는 돼지·소·개·염소 등의 '네 발 달린 개체', 거위·오리 등의 '가금류', 장어·거북이·메기·붕어·메뚜기·잠자리·개구리 등의 '강·논·바다에 사는 개체', 쥐·원숭이·멧돼지·뱀 등의 '산림에 사는 개체', 그리고 기타 개체로 분류된다. 결과적으로 발리인들에게 돼지란 인간을 괴롭히는 어두움과 악으로부터 자신과 공동체를 지킬 수 있는 도구로 대우주와 소우주 간의 균형을 맞출 수 있는 매개체이며 바비굴링은 그러한 신을 달랠 수 있는 가장 값진 제물인 것이다.

천여 마리의 바비굴링 의례

띰브라 마을의 '**우사바 숨부**'는 일 년에 한 차례 최고신 상향위디와사에게 마을의 풍요와 번영을 기원하는 의례이다. 축제를 의미하는 '웃사와 utsawa'에서 유래한 '우사바 usaba'는 창조주 신을 위한 데와 야드냐로 마을 의례 또는 수박의례를 일컫는다. '**숨부** sumbu'는 우사바 숨부의 주요한 제사용 구조물 중 하나이며, 이곳 주민들은 우사바 숨부 기간 동안 숨부를 만들어 장식한 후 사원에 세우는 의식을 거행한다(그림 17). 숨부라는 단어는 물고기를 잡기 위해 대나무로 엮어 만든 긴 원통 형태의 그물망을 말하는 '부부 bubu'에서 유래하였다. 신이 만든 피조물들로 가득 찬 '대우주'를 모방하여 만든 숨부는 중심·중앙·대지의 상징적 함의를 지닌다. 앞

그림 17 숨부

서 설명했듯 힌두교적 세계관에서 우주는 대우주이며 인간은 소우주이다. 우주는 산신이 거주하는 '천계 swah loka', 인간이 거주하는 '중간계 buah loka', 바다의 신령(혹은 악령)이 거주하는 '하계 bhur loka'로 구성되어 있는데, 이러한 삼계 三界 사상을 '뜨리로까 Tri Loka'라 한다. 발리인들은 '보이는 세계 sekala'와 '보이지 않는 세계 niskala' 간의 조화, 다시 말해 삼계의 조화가 희생제를 통해 유지된다고 믿는다. 따라서 우사바 숨부는 대우주를 상징하는 숨부에 신의 피조물을 상징하는 여러 장식들을 매달음으로써 신이 주신 소출에 감사와 공경을 표한다는 상징적인 의미가 있다. 이때 드리는 바비굴링은 대우주와 소우주의 균형을 매개하는 중요한 역할을 담당하게 된다. 띰브라 주민들은 형형색색의 아름다운 장식물로 숨부를 치장해 신을 찬양하고 최상의 제물인 바비굴링을 바침으로써 신의 곁에 도달하기를 열망한다. 주민들은 의례가 있기 4~5개월 전부터 공동체 작업장에 모여 정성스럽게 숨부와 숨부에 부착할 장식물을 제작한다.

우사바 숨부는 일주일 동안 진행되며, 마을주민들이 마련한 제사도구·제사구조물 등을 정결케 하는 의례인 '멀라스띠 Melasti', 신이 깃들 사원에 숨부를 세우고 제단을 마련하는 숨부 의례와 바비굴링을 바쳐 신을

우사바 숨부의 일자별 의례 내용

일자	명칭	내용
1일차	Melasti	정결 의례
2일차	–	숨부 장식, 의례용 돼지 구입
3일차	Usaba Sumbu Kaja	숨부 세우기 의식, 바비굴링 의례
4일차	Mabarang Jempana	가마 쟁탈전 유희
5일차	Mabarang Jempana	가마 쟁탈전 유희
6일차	Usaba Sumbu Kelod	숨부 세우기 의식, 바비굴링 의례
7일차	Mabarang Jempana	가마 쟁탈전 유희

바비굴링_발리인의 소울푸드

소환하고 경배하는 바비굴링 의례로 구성된 '우사바 숨부', 마지막으로 가마 쟁탈전 형태의 유희遊戱 의례인 '마바랑 즘빠나Mabarang Jempana'로 구성된 일련의 복합 의례 형태를 띠고 있다. 특히 우사바 숨부 의례 기간 동안 앞서 언급한 각 의례의 국면마다 바비굴링을 비롯한 다량의 돼지고기가 소비된다.

1일차에 진행되는 '멀라스띠' 의례는 본식인 우사바 숨부 때 사용할 제사구조물과 제사도구들을 마을 밖의 해변으로 들고 나가 깨끗이 정화하는 정결의례를 말한다. 정화시킬 제사구조물 중 거대한 가마 형태의 '즘빠나jempana'는 신이 깃들 장소로 마을 사원에 분산되어 안치되어 있다(그림 18). 멀라스띠 당일에 노동력을 제공할 당번이 된 남성들은 이 무거운 즘빠나를 비롯한 제사구조물과 제사도구들을 사원에서부터 들고 나와 어깨에 짊어진 채 마을에서 2시간 거리의 빠시르 뿌띠Pasir Putih 해변까지 고된 걷기행렬에 오른다. 띰브라 마을주민들 역시 멀라스띠 당일 전통의상을

그림 18 사원에 안치된 즘빠나

제4장 현대 발리사회의 의례적 바비굴링 소비 : 띰브라 마을의 사례

그림 19 멀라스띠 걷기의례

차려입고 정성스럽게 준비한 제물을 들거나 어깨에 짊어지고 걷기행렬
에 동참한다(그림 19). 저자 역시 전통의상을 차려입은 채 걷기행렬에 동참
하면서 멀라스띠 의례의 전 과정을 참여 관찰하였다. 마을주민들은 빠시
르 뿌띠 해변으로 향하는 차도로 이동하기 때문에 마침 이곳을 지나가는
차량들은 적어도 두 시간은 꼼짝없이 발이 묶이게 된다. 발리에서는 마을
별로 중요한 의례가 있을 때마다 멀라스띠 정화의례를 시행한다. 관행적
으로 멀라스띠 행렬에는 다른 마을 사람들은 참여하지 않기 때문에 멀라
스띠 걷기행렬에 동참한다는 것은 스스로가 그 마을 구성원으로서의 정
체성을 드러내는 행위이다. 마을이장은 고된 멀라스띠 걷기행렬에 동참
한 저자를 위해 해변에서 진행되는 멀라스띠 의례의 전 과정을 관찰할 수
있도록 특별히 배려했다. 반면 해변에 미리 도착해 멀라스띠 의례 장면을

바비굴링_발리인의 소울푸드

담으려던 서양인 사진작가는 마을 행사담당자들의 저지로 어쩔 수 없이 발길을 돌려야만 했다.

해변에 도착한 수천 명의 마을주민들은 여러 개의 제단을 차린 후 본격적으로 정화의례를 실시한다. 준비해온 확성기에서 주술적 주문인 만뜨라mantra가 울려 퍼지자 여성들이 줄지어 나와 자신들이 들고 온 제물banten을 제단 위에 바치기 시작한다. 또 다른 제단에는 먹음직스러운 바비굴링이 올려졌다. 일반 주민들은 닭구이나 오리구이 등 비교적 저렴한 제물을 제단에 바치는 반면 사제계급은 관습법에 따라 사제계급으로서의 지위에 걸맞게 값비싼 바비굴링을 제단에 바친다. 제단에 제물이 가득 차면 힌두사제가 성수tirta를 뿌리는 정결의식이 시작된다. 얼마 지나지 않아 엄숙한 분위기 속에서 제단 앞에 앉은 한 힌두사제가 만뜨라를 읊으며 살아있는 닭의 목을 날카로운 칼로 찔러 나온 피를 바닥에 흘려보낸 후 그 위에 성수를 뿌리고 죽은 닭을 바다에 던지는 야드냐(희생제)를 실시한다. 이윽고 주민들이 모래사장에 양반다리를 한 채 순서에 따라 합동 기도를 드린 후 힌두사제들이 이들에게 성수를 뿌리는 것을 끝으로 멀라스띠 의례가 종료된다. 수천 명이 운집해 진행되는 멀라스띠의 분위기는 엄숙하고도 장엄했다. 의례가 끝나자 주민들은 제단으로 우르르 몰려가 자신들이 바쳤던 음식을 수거해온다. 이들은 가족별로 주변 모래사장에 자리를 잡고 둘러 앉아 가져온 제물을 먹기 시작한다. 저자 역시 저자가 머물렀던 가족 및 친지들과 함께 음식을 나누어 먹었다. 음식을 나누면서 제단에 있던 바비굴링은 누가 먹느냐고 묻자 그것을 바친 사제 계급들과 해변까지 즙빠나를 들고 온 사람들끼리 나누어 먹는다는 대답을 들을 수 있었다. 가족과 즐겁게 제사음식을 나눠먹던 중 주변을 둘러보니 장엄하고 엄숙했던 멀라스띠의 현장은 어느덧 먹고 마시는 축제의 현장으로 변해 있

제단에 제물을 바치는 여인들

사제계급이 바친 바비굴링

운집 장면 1

운집 장면 2

멀라스띠 집단기도

제물이 바쳐진 제단에 성수를 뿌리는 힌두사제

마을주민들에게 성수를 뿌리는 힌두사제
그림 20 멀라스띠 의례

제물을 나눠 먹는 사람들

었다. 멀라스띠를 마친 띰브라 마을 주민들은 다시 두 시간의 긴 행렬을 이어 마을로 돌아갔다(그림 20).

2일차가 되면 띰브라 주민들은 공동작업장에 모여 색을 입힌 형형색색의 야자 잎으로 숨부를 장식한다. 저자 역시 숨부 장식 만들기에 손을 보태가며 의례를 준비하는 일련의 과정을 지켜보았다. 염색된 형형색색의 야자 잎 janur은 복잡하고 다양한 모양의 숨부 장식물로 탄생되었다. 젊은 이들은 마을 어른들의 지도하에 정성스럽게 숨부 장식물을 만들었다. 완성된 장식물들을 숨부에 달아 화려하게 장식했다(그림 21). 그렇다면 띰브라 마을에서 숨부와 숨부 장식물의 제작비용은 어떻게 충당이 될까?

띰브라 마을에는 '빠우만 pauman'이라 불리는 총 4개의 공동체조직이 존재하는데 숨부 제작비용은 이 빠우만의 지원과 각 빠우만에 속한 선

숨부에 부착할 장식물 만들기 　　　장식물을 부착한 숨부

그림 21 숨부 장식물 제작

그림 22 청년여성의무조직 다하/뜨루니

택된 가구의 기부로 충당된다. 숨부는 관습법에 따라 그해 숨부 기증자의 차례가 된 '딸'이 속한 가구에서 비용을 부담한다. 발리의 관습마을에는 마을마다 명칭과 형태가 조금씩 다르지만 성별에 따라 마을 의례나 행사에 의무적으로 동원되는 특정 청소년의무조직이 존재한다. 이 중 청년여성의무조직 또는 그 구성원을 '다하daha' 또는 '뜨루니 teruni'(그림 22), 청년남성의무조직 또는 그 구성원을 '뜨루나teruna'라고 한다(그림 23). 여성은 초경 이후, 남성은 15세 이상이거나 중학교를 졸업한 장남이 각각의 의무조직에 속하게 되며 결혼하거나 35세 이상이 되면 자동적으로 소집이 해제된다. 청소년의무조직에 속한 뜨루나, 다하(뜨루니)들은 관습법에 따라 고된 마을 의례나 행사에 동원된다. 숨부 기증자의 딸들은 다하로서 우사바 숨부 의례 때 신을 부르는 신성한 춤인 르장rejang을 새벽까지 추고 절차에 따라 신에게 숨부를 바치는 의식을 수행해야만 한다. 숨부 기증 가

바비굴링_발리인의 소울푸드

그림 23 청년남성의무조직 뜨루나

구가 바치는 숨부 하나의 가격은 무려 약 3천만 루피아Rupiah(약 240만 원)에 달한다. 이는 월급을 한 푼도 안 쓰고 적어도 일 년은 모아야 되는 돈이다. 물론 숨부 기증자의 경제적 형편에 따라 자신이 속한 빠우만에 요청하여 연기도 가능하다. 드물긴 하지만 경제적으로 넉넉하지 못해 연기를 거듭하다 끝끝내 기증을 못하는 경우도 있다. 통상 드려지는 숨부의 개수는 세 개이나, 간혹 숨부 기증자가 간절한 소망이 있을 경우 추가로 기증하기도 한다. 참고로 저자가 의례에 참여했던 해에는 총 네 개의 숨부가 드려졌다.

한편 공동작업장 공간의 한 편에는 숨부 장식에 노동력을 보탠 주민들에게 제공될 돼지고기 요리가 한창이다. 밥, 돼지 사떼sate babi, 주꿋 아레스jukut ares 요리가 그것이다. 참고로 주꿋 아레스는 바나나 나무줄기에 돼지고기와 각종 향신료를 넣고 끓인 국물 요리로 발리 토속음식이다. 장

시간의 숨부 장식을 끝으로 공동작업장의 나무 평상에서 '머기붕^{megibung}'
을 위한 정찬이 시작된다. 머기붕은 앞서 설명했듯 공동식사의례를 말
한다. 사실 머기붕은 발리만의 고유한 전통은 아니다. 머기붕은 '리웨딴
^{liwetan}'의 발리식 표현으로 함께 음식을 먹는다는 의미이다. 리웨딴이란
바닥에 기다랗게 겹쳐 놓은 여러 장의 바나나 잎 위에 여러 반찬들을 놓
고 둘러 앉아 함께 음식을 나누는 공동식사를 말하며, 자와^{Jawa}식 전통의
례인 '슬라므딴^{Selametan}'에서 변형된 것이다. 슬라므딴은 종교의례와 혼
합되어 개인이나 공동체의 애도, 축하, 정화, 기복 등을 위해 공동으로 행
해지는 자와 사회의 전통의례이지만, 좁은 의미에서는 의례에 수반되는
공동식사의례이다. 슬라므딴은 큰일이 있을 때 모든 공동체 구성원들이
함께 음식을 장만하고 이를 나눔으로써 마을 공동체의 사회적, 영적 균형
과 안녕을 재생하고 유지하는 사회적 역할을 담당한다.

　발리의 머기붕은 이러한 리웨딴에서 유래한 공동식사 의례이다. 발리
의 경우 18세기 까랑아섬^{Karangasem} 왕국에서 처음 시작된 머기붕의 관습
은 현재까지도 공동체 의례가 있는 곳이면 어디든지 볼 수 있다. 전통시
대 때 머기붕은 의례 및 통상적인 모임뿐만 아니라, 군사 집단의 단합은
물론 군사력 과시의 수단으로도 이용되기도 했다. 특히 의례에 필요한 노
동력을 제공한 구성원들의 식사의례로 진행되었다. 따라서 발리인은 현
재까지도 머기붕을 통해 구성원들 간의 친밀감을 키우고 공동체의 단합
을 도모하고 있다. 저자 역시 숨부 제작에 참여했기 때문에 당연히 이 머
기붕에 참여할 수 있는 권한이 주어졌다. 커다란 쟁반에 밥을 수북이 담
고 그 중앙에 주꿋 아레스를 담은 그릇을 위치시킨다. 쟁반 옆에는 돼지
사떼를 담은 접시를 따로 놓는다. 음식이 담긴 쟁반 하나에 5~6명 정도가
한 무리를 이루어 식사가 진행되는데 남녀가 분리되어 식사를 하는 점이

그림 24 공동식사 머기붕

독특하다. 머기붕 의식은 의례 준비에 노동력을 보탠 구성원만 참여가 가능하며 동시에 먹고 동시에 끝내야 하는 규칙이 존재한다(그림 24). 머기붕을 함께한 아유Ayu(가명) 씨는 머기붕 의식에서 지켜야 할 사항과 터부에 대해 귀띔해 주었다.

"머기붕 동안에는 절대로 먼저 자리를 벗어나서는 안 돼요. 이곳에서는 머기붕 때 먼저 자리를 뜰 경우 그 사람은 앞으로 가난하게 살 거라고 믿거든요. 머기붕 의식은 의례 준비에 동원된 사람들만 참여가 가능해요. 아무나 와서 머기붕을 하게 되면 그건 엄청난 실례가 되죠."(Ayu(가명), 22세, 여)

제4장 현대 발리사회의 의례적 바비굴링 소비 : 띰브라 마을의 사례

머기붕이 끝나자 사람들은 먹다 남은 생수병에 담긴 물을 손에 조금씩 부어가며 더러워진 손을 씻기 시작했다. 앞서 설명했듯 이렇게 손을 씻는 행위는 머기붕 의식이 완전히 끝났다는 것을 의미한다.

숨부 장식 작업이 끝난 당일 오후, 바비굴링용 돼지를 어떻게 공수하는지 살펴보기 위해 몇몇 마을 주민들이 돼지를 구입하는 길을 함께 따라 나섰다. 이들은 운전수를 포함해 총 5명의 장정으로 구성되어 있었다. 저자와 운전수는 앞좌석에, 나머지 4명의 장정들은 돼지를 싣는 화물칸에 몸을 싣고 마을에서 약 40분 거리의 돼지농장으로 향했다. 저자는 운전수로부터 발리에서 어떠한 방식으로 돼지고기를 구입하는지 들을 수 있었다. 운전수에 따르면 발리에서 돼지를 구입하는 방식은 '개별구매'와 '공동구매'가 있다. 개별구매는 말 그대로 돼지가 필요한 가정에서 시장의 돼지 판매상이나 주변 지인을 통해 돼지를 구입하는 것이다. 반면 '머빠똥 mepatung'이라 불리는 공동구매 방식은 돼지를 단체로 구입해 함께 도축하고 그 고기를 나눠 갖는 방식으로 훨씬 저렴한 값에 돼지를 구입할 수 있다. 공동구매 시 대개 도축을 주도적으로 담당한 사람에게는 수고비가 지급되는데 간혹 돼지머리를 수고비조로 받기도 한다. 우사바 숨부는 바비굴링으로 가구마다 돼지 한 마리를 통째로 드리기 때문에 돼지만 공동으로 구매한 후 도축은 각 가정에서 진행한다. 농장에 도착하자 곧바로 돼지우리로 향했고 운전수를 제외한 4명의 장정들이 돼지를 포획하기 시작했다. 오랜 사투 끝에 돼지 앞발을 구부려 잡아 가져간 끈으로 묶은 후 돼지가 소리를 지르지 못하게 입술 안쪽도 끈을 엮어 넣어 입을 막았다. 결박된 돼지를 바닥에 앉힌 후 돼지 판매상이 꽃을 담은 제물바구니를 돼지 허리 위에 올려놓은 후 성수tirta를 뿌리고 만뜨라를 읊으며 돼지를 보내는 간단한 의식을 진행했다(그림 25). 이후 굵은 대나무 장대에 돼지를 거

그림 25 성수를 뿌리는 돼지 판매상

꾸로 매달아 트럭에 옮겨 실은 후 돼지를 구입한 집마다 들려 한 마리씩 떨궈냈다. 이렇게 돼지가 마련되면 절반은 끝난 것이다. 적어도 발리인들은 그렇게 생각한다. 사실 발리사회에서 바비굴링은 공동체의 대부분의 의례 때마다 빠지지 않고 드려지기 때문에 비단 띰브라 주민들뿐만 아니라 대부분의 발리인들은 의례용 돼지 구입에 적지 않은 스트레스와 압박감을 느낀다. 현장에서 살펴보니 주민들은 바비굴링을 드릴 형편이 못 되

제4장 현대 발리사회의 의례적 바비굴링 소비 : 띰브라 마을의 사례

어도 지인에게 돈을 빌리거나 심지어 대출까지 받아가면서 무리하게 돼지를 구입하고 있었다. 이러한 현상을 단순히 신을 향한 헌신으로만 치부할 수 있을까?

사실 띰브라 마을에서 가구별로 바비굴링을 바치는 것은 의무가 아닌 선택이다. 돼지를 구입할 형편이 안 된다면 돼지 대신에 상대적으로 저렴한 오리나 닭으로도 드릴 수 있다는 게 마을사람들의 설명이었다. 또한 관습법에 따라 상중이거나 아이가 태어났거나 결혼식을 앞둔 가정은 의례적으로 오염된 것으로 간주되어 원칙적으로 바비굴링을 바칠 수 없다. 우리네 표현으로 소위 부정을 탈 수 있다는 것이다. 이럴 경우 이들은 주변 이웃들로부터 의례를 마친 후 집으로 가져온 상당량의 바비굴링 고기를 나눠받는다. 문제는 의례적으로 오염된 사람, 즉 부정한 사람^{orang} sebal을 제외하고 개인의 경제적 사정 때문에 이웃으로부터 바비굴링을 나눠 받을 경우 적지 않은 수치심을 느낀다는 점이다.

> "예전에는 우사바 숨부 때 부자들만 바비굴링을 드렸어. 가난한 사람들은 경제적인 여유가 없어서 바비굴링은 꿈도 못 꿨지. 부자들이 의례를 드리고 나서 바비굴링을 가난한 이웃들에게 나눠주었는데, 이때 부끄러움을 느꼈지. 그래서 '다음부터는 다시는 이런 수치를 겪지 않으리라' 결심했고 그때부터 열심히 일해서 다음번에는 바비굴링을 드릴 수 있도록 노력했지. 물론 바비굴링을 드리는 게 절대 의무는 절대 아니야. 마을에서도 강요하지 않거든. 그리고 부정한 사람^{orang sebel}은 원래 바비굴링을 안 드려도 되고 말이야." (Kadek(가명), 50세, 남)

바비굴링을 바치지 못했다는 것은 스스로가 그만큼 게으르게 살았음을 인정함과 동시에 남들에게 자신의 무능함을 드러내는 것이기도 했다. 따라서 띰브라 주민들은 바비굴링 의례가 끝나기가 무섭게 다음 의례 때 사용할 돼지 구입 자금을 모으기 위해 고군분투한다. 성돈成豚을 구입할 만한 경제적인 여유가 없는 경우 값이 저렴한 어린 돼지를 구입해 우리에 가둬놓고 먹고 남은 음식을 먹여 키운 후, 성돈이 되면 의례 때 사용한다. 집안 한 편에 마련된 축사에서 돼지를 키울 경우 집안 전체에 돼지 분뇨 냄새가 진동을 하지만 남부끄럽지 않으려면 이 정도의 고통쯤은 충분히 감수할 만하다.

> "바비굴링을 드리지 않으면 그건 부끄러운 일이에요. 정말로 자존심이 상하는 일이죠. 몸집이 작은 돼지로 만든 바비굴링을 드려도 과일을 포함해서 약 2백만 루피아Rupiah(한화 약 17만 원) 정도 들어가죠. 가난한 우리들한테는 부담스러운 돈이에요. 큰 돼지는 이보다 훨씬 더 많은 돈이 들죠. 그래서 우리처럼 어려운 가정은 어린 돼지를 사다가 집에서 키워요, 먹고 남은 음식으로 충분히 키울 수 있거든요." (Wayan(가명), 27세, 남)

> "우사바 숨부 의례는 서로 상부상조를 통해서 진행되기 때문에 준비하는 데 특별한 어려움은 없어. 사실 가장 힘든 일은 돈을 마련하는 일이지. 이곳 사람들은 80% 이상이 의례를 위해 돈을 빌려. 왜냐하면 바비굴링을 드리지 않으면 다른 사람들 보기에 부끄럽거든. 바비굴링을 바치는 것은 그 어느 누구도 강요하지 않아. 다만 바비굴링을 드리지 않으면 이웃들이 바비굴링을 나눠주는데 실제로 바비굴링을 만든 집보다 더 많이 받게 되는 경우가 많아. 그런데 이게 참 남부끄러운 일이거든." (Guru, 65세(가명), 남)

"우사바 숨부 의례에서 어려운 건 없어. 늘 있어왔던 거니깐. 이것(우사바 숨부 의례)은 즐거운 일이지. 신에게 감사함을 표현하는 거니까. 단지 돈을 구하는 게 어려울 뿐이야." (Ketut(가명), 60세, 남)

3일차부터 숨부 제단에 바비굴링을 바치는 본격적인 우사바 숨부 의례가 시작된다. 참고로 숨부 제단을 세우고 바비굴링을 드리는 의례는 우사바 숨부 기간 중 총 두 차례인 3일차와 6일차에 진행되며, 전자를 '우사바 숨부 까자Usaba Sumbu Kaja' 후자를 '우사바 숨부 껠로드Usaba Sumbu Keload'라 한다. 우사바 숨부 까자의 날이 밝자마자 돼지들의 처절한 울음소리가 온 마을 여기저기에서 울려 퍼지기 시작했다. 천여 마리의 돼지를 잡는 피의 도살이 시작된 것이다(그림 26). 멀라스띠 정결의례와 숨부 제작을 위

도살될 돼지들

돼지 도살

바비굴링 굽는 마을사람들
그림 26 돼지 도살 장면 모음

그림 27 블림빙 잎

한 집단 노동에 적지 않은 돼지고기가 소비되지만 본식 때 소비되는 돼지
고기의 양에 비하면 새 발의 피다. 돼지 도살 장면을 관찰하기 위해 길을
나서면서 보니 각 집의 앞마당이나 길 한복판에 막 잡은 돼지의 사체들이
여기저기 널브러져 있었다. 그런데 아무리 눈을 씻고 보아도 마을주민들
은 주술적 기도인 만뜨라를 읊지 않은 채 돼지를 도살하고 있었다. 이들
은 도살 후 내장을 꺼낸 돼지에 끝을 뾰족하게 다듬은 대나무를 머리부터
항문까지 관통시킨 후 뱃속에 블림빙star fruit 잎(그림 27)을 채워 꿰맨 후 야
자박 땔감에 두 시간여를 골고루 돌려가며 바비굴링을 만들었다. 띰브라
마을에서 돼지를 도살하고 바비굴링을 조리하는 방식은 이곳에 오기 전
들렸던 바비굴링 식당에서 관찰했던 것과는 사뭇 달랐다. 우선 만뜨라를
읊지 않았다. 또한 바비굴링 식당의 경우 바스그납basa genap에 속한 다
양한 향신료들을 잘게 다져서 기름에 튀긴 후 돼지의 배 속에 넣었는데,
이곳에서는 단지 블림빙 잎으로만 속을 채울 뿐이었다. 한 장정에게 돼지
도살과 바비굴링 조리 방식이 일반 식당과 다른 이유를 묻자 그는 이렇게

대답하였다.

"만뜨라를 읊어야 하는 것은 알고 있지만 우리 같은 요즘 세대들은 그런 의식 없이 그냥 돼지를 잡아요. 그냥 마음속으로만 빌 뿐이죠(웃음). (중략) 블림빙 잎만 넣는 것은 나중에 사원에 바비굴링을 가져가서 긴 시간 동안 그곳에 둬야 하기 때문에 그래요. 향신료를 넣으면 (더운 날씨에) 금방 상하거든요. 블림빙 잎은 돼지의 잡내도 제거해주지만 방부제의 역할도 해줘요." (Gede(가명), 27세, 남)

다른 장정의 입에서도 비슷한 대답을 들을 수 있었다.

"만뜨라는 사람에 따라 읊는 사람도 있고 읊지 않는 사람도 있어요. 저는 힌두교에 대한 지식이 짧아서 잘못된 만뜨라를 읊기보다는 돼지를 잡으면서 조용히 기도만 해요." (Made(가명), 48세, 남)

바비굴링을 판매하는 일반식당에서는 만뜨라를 읊으며 도축한 돼지의 배를 갈라 내장을 꺼낸 후 튀긴 바스그납 양념을 배 속에 넣어 꿰맨 다음 야자껍질 화로에 구워내는 방식으로 바비굴링을 조리한다. 바비굴링 배속에서 돼지기름과 함께 조리된 바스그납 양념은 감칠맛이 배가 되는데 이렇게 해서 바비굴링이 완성되면 다시 배 속에 넣었던 바스그납 양념을 꺼내 커다란 그릇에 담아놓는다. 먹음직스럽게 익은 바삭한 돼지껍질과 고기를 한입 크기로 자른 후 밥과 함께 접시에 담은 후 한쪽에 미리 덜어놓은 바스그납 양념에 튀긴 순대 urutan 와 튀긴 내장, 라와르 lawar 등을 정성스럽게 접시에 담아 손님상에 내간다.

반면 띰브라 마을에서는 바비굴링 배 속에 바스그납 양념 대신 블림빙 잎만 넣고 바비굴링을 굽는다. 의례용 바비굴링 배 속에 바스그납 양념을 넣을 경우 사원으로 옮기는 과정에서 양념이 쏟아질 수 있고 오랜 시간 사원에 방치하는 과정에서 상할 수 있기 때문이다. 블림빙 잎은 돼지의 잡내도 제거해주지만 방부제의 역할을 한다. 바스그납 양념은 튀긴 후 별도의 그릇에 담아 준비해놓고 간이나 허파 등의 내장도 한 입 크기로 썰어 삶은 후 다시 기름에 튀겨 놓는다. 돼지 창자로 순대를 만든 후 이것도 역시 기름에 튀겨내 준비한다. 라와르도 만들어서 준비해 놓는다. 바비굴링이 구워질 동안 다른 가족들은 준비된 개인 접시에 밥과 함께 튀긴 순대와 내장들, 라와르, 바스그납 양념을 담은 후 담소를 나누며 다함께 손으로 식사를 한다. 다 구워진 바비굴링은 사원으로 옮겨져 제단에 바쳐진다.

의례가 종료되면 바비굴링을 다시 집으로 가져와 의례적으로 오염되어 바비굴링을 드리지 못한 이웃가정에게 나눠준 후 가족들과 함께 나눠 먹는다. 단, 사원에 드렸던 바비굴링은 위생을 생각해 바로 먹지 않고 기름에 한번 튀겨낸 뒤 먹는다. 가족 구성원이 한 번에 소비하기에는 바비굴링의 양이 많기 때문에 보통 일주일에서 열흘에 걸쳐 조금씩 소비한다. 냉장고가 없고 돼지고기가 귀했던 과거 시절에는 땅을 깊게 파 야자기름을 가득 채운 구덩이에 바비굴링을 넣은 후 수시로 야자기름을 갈아가면서 몇 개월 동안 먹기도 했다고 한다. 야자기름에 담가놓은 바비굴링은 공기에 노출되지 않아 쉽게 상하지 않았다는 것이다.

이처럼 띰브라 마을에서 의례에 사용될 바비굴링은 제사에 최적화된 조리법을 택하고 있었지만 앞서 언급했듯 만뜨라를 읊지 않은 채 돼지를 도살하고 있었다. 저자는 문득 띰브라 마을의 거주허가 추천서를 받기 위해 우다야나 국립대학교 구스띠 Gusti(가명) 교수의 사무실을 방문했을 당시 만뜨라와 관련된 이야기를 나눴던 것이 떠올랐다. 당시 구스띠 교수는 현대 발리사회에서 돼지를 도살할 때 만뜨라를 읊지 않는 현상을 한탄하면서 불편한 표정을 감추지 않았었다.

> "얼마 전에 마을에서 의례가 있어서 바비굴링을 만들기 위해 돼지를 도살해야 했어. 그런데 분명 날카로운 칼에 목을 찔렸고 피도 철철 나오는데 이놈의 돼지가 죽지를 않는 거야. 그래서 이상하다 생각해서 물어보니, 아 글쎄 (돼지를 도살하는 사람이) 만뜨라를 읊지 않았다는 거야. 요즘 사람들은 의례준칙을 지키지 않아서 문제야. 돼지가 얼마나 불쌍하던지 원." (Gusti(가명), 56세, 남)

가구별로 제물로 드릴 바비굴링이 먹음직스럽게 구워지는 시각, 빤띠 깔러르 사원 Pura Panti Kaler 에서는 숨부 바치기 의식을 위한 준비가 한창이었다. 오전에는 숨부를 사원에 세우고, 저녁에는 그 제단 아래에 바비굴링을 비롯한 여러 제물을 바치는 의례가 진행된다. 우사바 숨부 의례는 힌두교 성전 '바가바타 푸라나 Bhagavata Purana' 중 '우유바다젓기 Mandara giri' 창조설화를 모티브로 하고 있다. 우유바다젓기 창조설화의 내용을 한마디로 요약하자면 불로불생의 약 '암리타 amerta'를 얻기 위해 고군분투하는 신들과 악마의 연합작전이다. 끊임없이 전쟁을 벌였던 신들과 악마들이 암리타를 얻기 위해 연합하여 무려 천 년 동안 우유바다를 휘저어가며 암리타를 만들어내고 그 과정에서 새로운 신들과 신세계가 창조된다는 이야기가 주된 줄거리이다. 띰브라 마을의 숨부 바치기 의식은 '다하 숨기기 의식', '숨부 돌리기 의식', 그리고 '숨부 세우기 의식'의 순서로 진

숨부를 바치는 가정

숨부 돌리기

숨부 세우기

휘청거리는 숨부

걱정스럽게 숨부를 바라보는 다하

무사히 세워진 숨부

그림 28 숨부 바치기 의식

행되는데 바로 이 우유바다젓기의 전 장면을 의례로 형상화한 것이다. 우선 숨부를 둘러싼 뜨루나들이 숨부를 바치는 처녀 다하(뜨루니)를 숨부 아래에 숨긴 후 숨부를 잡고 네 바퀴를 빠르게 돌며 회전한다. 회전이 끝나면서 숨부 아래 숨겨져 있던 다하가 모습을 드러낸다. 이후 숨부에 장대를 부착한 후 일으켜 세운다(그림 28). 우유바다젓기 창조설화에서는 신들이 거대한 만달라Mandara 산을 뽑아 회전축으로 삼고 위대한 용왕 바수끼 Naga Basuki 를 밧줄 삼아 만달라 산을 휘감는다. 위스누 신은 거북이kurma 로 현현하여 회전하는 중심축이 가라앉지 않게 바다 밑에서 떠받친다. 나머지 신들은 바수끼 용의 꼬리 쪽에서, 악마인 아수라들asura, rakshasa 은 머리 쪽에서 우유바다를 밀고 당겨 쉴 새 없이 회전시킨다. 이렇게 천 년 동안 우유바다를 휘젓자 새로운 신들과 함께 신세계가 창조된다. 그리고 가장 마지막에 불로불생의 약 암리타 물병을 든 단완따리 Dhanwantari 가 탄생하게 된다. 따라서 우사바 숨부 의례의 숨부는 만달라 산을 상징하며, 숨부를 돌리는 행위는 우유바다젓기를 상징한다. 또한 숨부 아래에 숨겼던 다하는 이후 암리따 물병을 든 단완따리의 탄생을 묘사한 것이다. 앞서 엘리아데의 종교철학을 통해 종교적 인간은 창조설화의 재현으로 원초적 신성성을 회복하기 위해 끊임없이 시도한다고 언급한 바 있다. 결국 우사바 숨부 의례는 우유바다젓기의 창조 이야기를 반복적으로 재현함으로써 신이 있는 성스러운 공간으로 이행하고자 하는 띰브라 마을 주민들의 염원이 담긴 것이다.

숨부 바치기 의식은 한 편의 잘 짜인 연극과도 같았다. 우선 앞에서 설명했듯 뜨루나와 다하의 숨부 돌리기 의식이 끝나면 본격적으로 장정들이 긴 장대를 숨부에 부착해 일으켜 세우는 '숨부 세우기' 작업에 돌입한다. 수많은 장식물이 달린 4개의 숨부를 무려 7미터에 달하는 긴 장대 하나에 지지해 하나씩 세우는 일은 결코 쉬운 작업이 아니다. 띰브라 마을 사람들은 만약 숨부를 세우다가 부러지거나 쓰러지면 마을에 재앙이 닥친다고 믿기 때문에 숨부 세우기 의식은 상당한 긴장감 속에서 진행된다. 특히 가장 마음을 졸이며 이 장면을 지켜보는 이들은 다름이 아닌 숨부를 바치는 숨부 주인들과 그들의 딸 다하들이다. 숨부가 곧추 서지 못하고 비뚤게 세워지면 신에 대한 신실함을 의심받아 마을주민들로부터 질타를 받기 때문이다. 또한 이곳 주민들은 숨부가 기울게 되면 그 숨부를 드린 다하의 인생에 고난과 역경이 찾아온다고 믿는다. 마을사람들이 지켜보는 가운데 거대한 숨부가 하나둘씩 사원에 세워졌다. 그런데 그중 한 개의 숨부가 제대로 방향을 못 잡고 휘청거리자 이를 지켜보던 주민들이 동요하기 시작했다. 숨부 주인과 그의 딸 다하는 새파랗게 질린 표정으로 그 과정을 숨죽이며 지켜보았다. 다행히 이내 숨부가 제자리를 잡기 시작했고 마지막 숨부까지 무사히 사원에 세워졌다. 숨부가 다 세워지자 그제야 주민들의 얼굴에 웃음기가 맴돌았다. 마을사람들은 곧추 세워진 숨부 주변에 모여 가족, 친지, 지인들과 사진을 찍으며 담소를 나눴다(그림 29).

해가 저물 즈음 장정들은 장대에 거꾸로 매단 바비굴링을 어깨에 맨 채 사원으로 향하고 그 뒤를 여성들이 베벡굴링 bebek guling 과 다른 제사음식으로 가득 찬 광주리를 들고 뒤따른다. 베벡굴링은 통오리구이로, 이것 역시 가구마다 한 마리씩 준비한다(그림 30). 어느덧 숨부 아래 제단은 발 디딜 틈도 없이 천여 마리의 바비굴링과 제사음식들로 가득 메워진다(그림 31). 띰브라 마을의 바비굴링 제사의 전통은 힌두교 성전인 '시와 푸라나 Shiva Purana' 설화에 바탕을 두고 있다. 설화에 따르면 브라흐마 신과 위스누 신이 누가 더 위대한지를 놓고 치열한 신경전을 벌이자 시와 신이 이들을 중재하기 위해 거대한 링가 lingga 를 만들어 이들에게 그 시작과 끝을

그림 29 숨부 앞에서 포즈를 취하는 발리 여인들

그림 30 베벡굴링 제물

그림 31 바비굴링이 빼곡히 들어찬 힌두사원

찾을 것을 제안한다. 참고로 링가는 힌두 사원과 성지에서 발견되는 남근 재현물을 말하며, 신의 남근 또는 잠재력을 상징한다. 브라흐마 신은 '새'의 모습으로 현현해 링가의 시작점인 위로 향했고, 위스누 신은 '멧돼지'로 현현해 링가의 끝 지점인 아래로 향했지만 끝내 링가의 시작과 끝을 발견하지 못한다. 이를 통해 두 신은 시와 신의 위대함을 인정하고 대립을 해소하게 된다는 이야기이다. 우사바 숨부에서 드려지는 희생제는 '멧돼지'로 현현한 '브라흐마 신'과 '새'로 현현한 '위스누 신' 각각을 '바비굴링'과 '베벡굴링'으로 상징화해 '시와 신'에게 제물로 바치는 행위이다. 앞서 언급했듯 발리힌두교에서 상향위디와사는 힌두교의 시와 신과 동일시된다. 따라서 우사바 숨부 의례 시 바비굴링과 베벡굴링을 제물로 받는 시와 신은 최고의 신 상향위디와사와 동격으로 인식된다. 이처럼 띰브라 마을주민들은 최고 신 상향위디와사의 위대함을 바비굴링과 베벡굴링을 매개로 표현하고 있다.

4~5일차에는 '마바랑 즘빠나Mabarang Jempana' 의례가 치러진다. 마바랑 즘빠나는 뜨루나를 비롯한 남성들의 가마 쟁탈전 의례를 말한다. 우선 멀라스띠 의례 때 바다로 들고 나가 정화를 마친 후 사원에 안치해 놓았던 즘빠나를 다시 들고 나와 힌두사제를 앞세운 채 마을을 한 바퀴 돌면서 신들을 소환하는 의식을 거행한다. 이렇게 신을 태운 즘빠나를 발레란땅Bale Lantang 이라 불리는 마을 정자 위에 내려놓고 본격적으로 즘빠나 쟁탈전을 벌이기 시작한다. 양 측으로 나뉘어 서로 즘빠나를 빼앗기 위해 격한 몸싸움도 마다하지 않는데 밀치는 과정에서 넘어져 다치기도 한다. 마바랑 즘빠나는 남성들 간의 단합과 협동심을 키우는 중요한 힌두교적 의식이다. 가마(즘빠나) 쟁탈전이 벌어질 동안 남성들은 환호성을 지르며 응원하고, 여성들은 주변에 들어선 노점상에서 음식을 사먹고 타지에서 온 일가친척들과 담소를 나누면서 여유로운 오후시간을 보낸다(그림 32).

6일차 '우사바 숨부 껠로드Usaba Sumbu Kelod'는 사실상 우사바 숨부의 마지막 의례이다. 주민들은 뿌라 빤띠 깔러르 사원에 설치했던 숨부 장식물을 철거한 후 다시 발레아궁 사원Pura Bale Agung 으로 옮겨 동일한 의식을 반복한 후 설치한다. 우사바 숨부 껠로드는 우사바 숨부 까자와 거의 동일하나 숨부가 두 개인 점, 상대적으로 작은 바비굴링이 바쳐진다는 점, 선발된 다하(뜨루니)가 추는 신성한 춤 '르장rejang'과 신성한 노래인 '끼둥수찌kidung suci'가 드려진다는 점이 다르다(그림 33). 이 두 의식은 신을 소환해 인간과의 만남이 이루어지는 신성한 의례이기 때문에 부정을 타지 않게 주변을 물리는 것이 원칙이다. 저자 역시 이 의례의 참관은 허락되지 않았다. 다음날 새벽 4시부터 이제 사원에 드렸던 바비굴링을 다시 각자의 집으로 가져온다. 이후 낮 동안 한 차례의 마바랑 즘빠나가 더 진행된 뒤 즘빠나를 원래의 사원으로 돌려놓음으로써 기나긴 우사바 숨부 의

즘빠나를 들고 나오는 주민들

즘빠나 쟁탈전을 구경하는 남성들

즘빠나 쟁탈전

그림 32 즘빠나 쟁탈전

제4장 현대 발리사회의 의례적 바비굴링 소비 : 띰브라 마을의 사례

그림 33 신성한 춤을 추기 위해 대기 중인 다하들

례가 종료된다.

띰브라 마을의 사례를 통해 살펴본 발리사회의 공동체적 의례는 발리인들에게 삶의 형식이자 동시에 수사학rhetoric 의 형식이기도 했다. 의식이나 의례는 발리힌두교적 관념과 어휘들을 통해 일상적으로 집요하게 반복되는 하나의 이데올로기적 수사와도 같았다. 이데올로기적 수사의 내용은 대우주와 소우주 간의 균형을 유지하는 것이었으나 이는 공동체의 공통적인 문화적 상징과 생활양식을 매개하는 구조로서 표출되었다. 띰브라 주민들은 관습법에 따라 공동체 구성원들과 함께 노동력을 보태 숨부를 제작하고 바비굴링을 바치며 여러 상징적이고 복잡한 의식으로 신을 경배했다. 또한 비록 의무가 아닐지라도 의례용 바비굴링의 돼지를 구입하기 위해 부지런히 돈을 모으거나 집에서 기르는 수고를 마다하지 않았으며 심지어 지인에게 돈을 꾸거나 대출도 서슴지 않았다. 이러한

띰브라 주민들의 모든 행위는 하나의 문화적 성향을 만들어냈고 코드화된 일정한 의례적 행위 속에서 실천되었다. 결과적으로 띰브라 주민들의 일상을 지배하고 있는 관습적 관행과 의례를 위한 돼지고기 소비의 기제들은 이들의 가치관 속에 깊숙이 '체화體化'되어 존재하고 있다.

나가며

　전통시대부터 근현대시대까지 바비굴링은 다양한 모습으로 발리사회의 모습을 담아왔다. 발리섬에 원래 있던 발리아가 종족이나 이들을 밀어내고 주도세력으로 등장한 마자빠힛 후손이나 할 것 없이 돼지는 공통적으로 그들의 삶에서 중요한 존재였다. 지배적인 이슬람문화 속에서 발리사회는 소수의 힌두자와의 전통과 문화를 고수해왔다. 1908년 발리섬이 네덜란드에 복속되기 전까지만 해도 발리인들의 바비굴링 소비는 주로 발리힌두 의례와 밀접한 관련이 있었다. 오랜 세월동안 발리인들은 돼지를 사육하고 가족과 자신이 속한 공동체의 풍요와 안녕을 기원하면서 발리힌두교적 교리에 따라 도축하여 조리한 후 아름답게 꾸민 제단에 올려 신께 바친 뒤 그 모든 과정을 함께한 공동체와 나눠 먹어왔다. 전통과 관습을 지키며 살아가고 있는 발리인들은 오랜 농경문화를 바탕으로 희생제를 통해 동식물로 구성된 제물을 신들에게 헌납하며 신과 소통해온 것이다. 발리인들에게 동물이란 신과 소통하는 하나의 도구적 수단이었고, 음식은 기본적으로 인간이 먹기 전 신에게 바쳐야만 하는 의례적 제물이었다. 발리사회에서 신은 천계신 외에도 악령까지도 포함되는데, 발리인들은 재해, 질병, 고난과 같은 세상의 어두움이나 악이 대주우와 소우주 간의 불균형에서 야기된다고 믿었다. 특히 이러한 불균형은 동물을 바치는 희생제를 통해서만 균형을 맞출 수 있다고 믿었으며 이러한 세계관 속에서 돼지는 악령을 달래 균형을 유지할 수 있는 최상의 제물로 인식되었다. 전통적으로 바비굴링은 공동체의 남성 구성원들이 상부상조를 통해 노동집약적으로 만드는 공동체의 의례적 산물이었다. 즉 바비굴링은 신과의 소통, 신에 대한 감사, 단합과 친속을 강조하는 발리의 공동체 문화와 밀접한 관련이 있다. 바비굴링은 의례나 행사 때에만 먹는 값비싼 음식이었으며 일상적으로 소비되는 음식은 아니었다.

그러나 신과의 소통의 도구로 의례적으로 소비되었던 발리사회의 돼지는 네덜란드와 일본의 식민통치를 겪는 과정에서 강제노동과 부역과 관련해 식민정부의 식탐과 욕망을 채우는 식량자원이자 식민지 경제를 유지하는 착취적 대상물로 이미지화되고 소비되기 시작했다. 관광자원으로 각광을 받던 발리의 힌두교는 국민 대다수가 이슬람을 믿는 국가 속에 편입되면서 그 배타성이 더욱 부각되었다. 음식문화를 비롯한 발리의 종족문화는 중앙정부의 국가통합정책의 일환인 관광진흥정책에 따라 소비재로 전락할 수 있는 위기가 찾아왔지만 발리인은 이를 문화관광으로 대응해나가면서 고유의 정체성을 지켜내는 적극적인 종족문화적 대응도 보였다. 이 과정에서 신성한 의례음식 바비굴링은 관광객에게 돈을 받고 판매하는 상업음식으로 변용되었고 대중매체를 통해 대중적인 관광음식으로 자리 잡으면서 지역 경제를 움직이는 세속음식으로 탈바꿈되었다.

상업화된 바비굴링은 더 나아가 관광객뿐만 아니라 일반 발리시민들까지 쉽게 사먹을 수 있는 일상적인 대중음식이 되면서 시나브로 발리를 상징하는 음식으로 표상화되기 시작했다. 이제 현대사회에서 바비굴링과 바비굴링의 주요한 식재료인 돼지는 발리와 발리인(발리종족)을 상징하는 메타포metaphor가 되었다. 무슬림이 지배적인 이슬람 사회 속에서 발리인들이 바비굴링을 먹는다는 것은 스스로에게도 타인에게도 발리인으로서의 정체성을 드러내는 발리힌두적 종교문화 행위이다. 특히 타지에 살고 있는 발리인들에게 바비굴링은 고향의 향수를 달래주는 노스탤지어 음식이다. 이들은 타지에서도 명절이나 특별한 날에 친지 및 지인들과 더불어 바비굴링을 요리해 나눠먹는다. 발리 이외의 인도네시아 지역은 무슬림이 지배적이기 때문에 이슬람 사회 속에서 발리인들끼리 모여 바비굴링을 나눠 먹는 관행은 발리인으로서의 정체성을 더욱 자각하고 강화하는 문화적 기제로 작용한다.

굴곡진 역사 속에서 신성했던 바비굴링은 세속화의 길을 걷게 되었지만 여전히 발리사회에서 바비굴링은 신을 위한 최상의 제물이다. 바비굴링은 성스러운 공간으로 이행해 신과 교통하게 해주는 신성한 매개체였으며, 개인 또는 공동체의 복과 안녕을 가져다 줄 수 있는 염원과 희망의 통로였다. 전통적인 발리인의 돼지고기 소비는 우사부 숨부와 같은 반복적인 의례와 일상 속에서 경제적, 사회문화적 실천의 교집합을 통해 종교의례적인 형태로 표출되었고 공동체의 공통적인 문화적 상징과 생활양식을 이끄는 아비투스habitus적 소비로 나타났다.

아르준 아빠두라이Arjun Appadurai(1988)는 민족지적 연구에서 특정 지역의 사회문화적 요소를 포괄적으로 함의하는 '민족지적 대표성ethnographic representation'의 중요성에 대해 역설한 바 있다. 인류학자 클리포드 기어츠Clifford Geertz(1973)는 발리의 닭싸움tajen을 통해 발리의 사회경제적 관계와 발리인의 인생관 및 세계관 등을 해석하였다. 즉 기어츠에게 닭싸움은 발리문화의 압축이었고 발리사회의 민족지적 대표성을 띠는 중요한 요소였다. 그러나 그는 스펙터클한 닭싸움에 집중한 나머지 보다 본질적이고 근원적으로 민족지적 대표성을 띠는 발리 돼지의 사회문화적 함의를 간과했다. 그곳에는 바비굴링을 팔고 있던 상인들이 있었고 그 바비굴링을 먹으며 닭싸움을 구경하는 발리인들이 있었다.

결국 발리돼지의 민족지적 대표성은 궁극적으로 발리라는 역사문화적·공간적 정체성과 전통시대부터 현대까지 바비굴링을 위시로 돼지고기를 문화적으로 소비해온 발리인의 경험과 기억을 통해서만 완성되는 '퍼즐'인 것이다. 이 퍼즐 속에서 발리사회의 바비굴링은 '신성한 향연'이자 '세속의 만찬'으로서 발리사회를 이끄는 중요한 물질문화적 동력이며 발리인의 유구한 역사문화적 희로애락을 담고 있는 '문화중추신경'으로 존재한다.

참고문헌

▶ 국문 자료

가종수 (2010). 『신들의 섬 발리 지상최후의 낙원을 찾아서』. 북코리아.

고영훈 (2011). 「인도네시아 민담에 나타난 동물 상징」. 『외국문학연구』, 43, 9-36.

김광억 (1994). 「특집/음식과 현대 한국사회: 음식의 생산과 문화의 소비: 총론」. 『한국문화인류학』, 26, 7-50.

김영수 · 김홍구 · 김영애 · 김형준 · 박장식 · 소병국 · 신윤환 · 오명석 · 제대식 · 조흥국 · 홍석준 (2001). 『동남아의 종교와 사회』. 도서출판 오름.

김예겸 (2018). 『음식으로 말레이문화를 맛보다』. 부산외국어대학교 대학인문역량강화사업(CORE).

김인희 (2004). 「한 · 중의 돼지숭배와 돼지혐오」. 『중앙민속학』, 10, 205-237.

김장겸 (2001). 「자와의 의례와 사회변화—슬라므딴을 중심으로」. 『동남아연구』, 10, 1-13.

김현진 (2015). 『신들의 향연, 인간의 만찬』. 난달.

마빈 해리스 (Marvin Harris) (1974). 『음식문화의 수수께끼(Cows, Pigs, Wars and Witches: The Riddles of Culture)』. 한길사.

메리 더글라스 (Mary Douglas) (1997). 『순수와 위험』 유제분 · 이훈상 옮김, 현대미학사.

메리 하이듀즈 (Mary Somers Heidhues) (2012)[2000]. 『동남아의 역사와 문화(Southeast Asia: A Concise History)』. 박장식 · 김동엽 옮김, 솔과학.

브라이언 페이건 (Brian Fagan) (2016). 『위대한 공존: 숭배에서 학살까지, 역사를 움직인 여덟 동물』. 반니.

미셸 파스투로 (Michel Pastoureau) (2018). 『돼지에게 살해된 왕』. 주나미 옮김, 도서출판 오롯.

서명교 · 김현준 · 장준영 · 김이재 · 김예겸 · 허동성 · 김홍구 (2016). 『아세안 열린 강좌 시리즈⑮ 동남아시아 종교 깊게 보기』. 한-아세안센터.

송화섭 (2009). 「동아시아권에서 줄다리기의 발생과 전개」. 『비교민속학』, 38, 127-163.

신성원 (2010). 「관광산업, 국가 그리고 발리문화─발리전통의 재창조 현상을 중심으로」. 『동남아연구』, 19(3), 161-207.

에릭 홉스봄 (Eric Hobsbawm) 외. (2004). 『만들어진 전통(The Invention of Tradition)』. 박지향 · 장문석 옮김, Humanist.

엘리아데 (Mircea Eliade) (2014)[1957]. 『성(聖)과 속(俗)』. 이은봉 옮김, 한길사.

오누키 에미코(大貫惠美子) (2001). 『쌀의 인류학』. 박동성 옮김, 소화.

윤일이 (2017). 『동중국해 문화권의 민가: 제주도 · 규슈 · 류큐 · 타이완의 전통건축 이해하기』. 산지니.

윤형숙 · 김건수 · 박종오 · 박정석 · 김경희 · 조희숙 (2009). 『홍어』. 민속원.

이응철 (2017). 「말레이시아 화인의 음식 소비: 종족정체성과 도시 중산층 생활의 교차」. 『비교문화연구』, 23(1), 219-249.

이희훈 (2012). 『돼지백과』. 현축.

장상경 (2020). 「인도네시아 발리 돼지고기 소비의 이데올로기적 표상: 발리사회 결속과 저항의 도구 '돼지'」. 『아시아연구』, 23(3), 155-194.

장상경 (2020). 「제단에서 식탁으로: 인도네시아 발리섬 돼지고기 토속요리 바비굴링 사례 연구」. 『동남아시아연구』, 30(4), 239-292.

장상경 (2021). 「인도네시아 발리사회의 의례적 돼지고기 소비 관행: 띰브라 마을의 사례를 중심으로」. 『동남아연구』, 31(2), 27-64.

정정훈 (2017). 「발리 우붓 지역 관광발달과 전통의 재구성: 뉴꾸닝 주민의 문화적 실천을 중심으로」. 전북대학교 대학원 박사학위논문.

정혜경 (2015). 「한국 음식문화의 의미와 표상」. 『아시아리뷰』, 5(1), 97-121.

조윤미 (2011). 「낙원의 폭력: 발리(Bali) 섬의 종족적 긴장과 자경주의 폭력 사례연구」. 『민주주의와 인권』, 11(2), 317-350.

클리퍼드 기어츠 (Clifford Geertz) (2017)[1980]. 『극장국가 느가라: 19세기 발리의 정치체제를 통해서 본 권력의 본질』. 김용진 옮김, 도서출판 눌민.

황영주 (2002). 「민족주의 이론의 재검토: 근대국가와 민족주의의 상관관계에서」. 『국제정치연구』, 5(1), 59-77.

▶ 영문 자료

Adams, K. M. (1997). Touting touristic 'Primadonas': Tourism, ethnicity, and national integration in Sulawesi, Indonesia. *Tourism, ethnicity, and the state in Asian and Pacific societies*, 155–180.

Ashley, B., Hollows, J., Jones, S., & Taylor, B. (2004). *Food and cultural studies*. Routledge.

Appadurai, A. (1988). Introduction: Place and voice in anthropological theory. *Cultural anthropology*, 3(1), 16–20.

Baal, Van J. (1984)[1960]. Bali: Further Studies in Life, Thought, and Ritual. [KIT: Royal Tropical Institute]. Dordrecht: Foris Publications.

Bahamondez, C., Álvarez, O., & Itzelcoaut, M. (2010). *Global forest resources assessment 2010 main report*. Food and Agriculture Organization of the United Nations.

Bell, D., & Valentine, G. (1997). *Consuming geographies: We are where we eat*. Psychology Press.

Cohen, A. P. (1985). The symbolic construction of community (Key ideas: London.

Covarrubias, M. (2015). *Island of Bali*. Tuttle Publishing.

Davis, C. (2007)[1970]. "Food, Fertility and Kinship in Minangkabau." in Kinship and Food in South East Asia. Nias Press.

Eiseman, F. B. (1990). Bali: Sekala and Niskala Volume I: Essays on Religion, Ritual and Art. *Periplus Editions*.

Fernando, M. R., & Bulbeck, D. (Eds.). (1992). *Chinese economic activity in Netherlands India: selected translations from the Dutch* (No. 2). Institute of Southeast Asian.

Geertz, C. (1973). *The interpretation of cultures* (Vol. 5043). Basic books.

Hitchcock, M., King, V. T., & Parnwell, M. (Eds.). (2009). *Tourism in Southeast Asia: Challenges and new directions*. Nias Press.

John, U. (1990). The tourist gaze: Leisure and travel in contemporary societies. Collection Theory, culture & society》, *Sage Publications*.

Kempers, A. B. (2001)[1997]. *Monumental Bali: Introduction to Balinese Archaeology: Guide to the Monuments*. Periplus.

Kruger, V. (2014). *Balinese food: the traditional cuisine & food culture of Bali*. Tuttle

Publishing.

Lerner, A. J. (1991). Transcendence of the Nation: National Identity and the Terrain of the Divine. *Millennium*, 20(3), 407–427.

Linnekin, J. (1997). Consuming cultures: Tourism and the commoditization of cultural identity in the island Pacific. *Tourism, ethnicity, and the state in Asian and Pacific societies*, 215–50.

Mabbett, H. (1985). *The Balinese*. January Books.

Mada Zidan & Bonaventura D. Genta (2018). *Kisah Tanah Jawa*. Gagas Media.

McClancy, J. (1992). Consuming Culture. *Chapmans*.

McPhee, C. (2000)[1947]. *A House in Bali*. Periplus Classics.

Nordholt, H. S. (1981). The Mads Lange Connection: A Danish Trader on Bali in the Middle of the Nineteenth Century: Broker and Buffer. *Indonesia*, (32), 17–47.

Picard, M. (1990). "Cultural Tourism" in Bali: Cultural Performances as Tourist Attraction. *Indonesia*, (49), 37–74.

Picard, M. (1997). Cultural tourism, nation–building, and regional culture: The making of a Balinese identity. *Tourism, ethnicity, and the state in Asian and Pacific societies*, 181–214.

Pringle, R. (2004). *A short history of Bali: Indonesia's Hindu realm*. Allen & Unwin Australia.

Radzi, S. M., Hanafiah, M. H. M., Sumarjan, N., Mohi, Z., Sukyadi, D., Suryadi, K., & Purnawarman, P. (Eds.). (2016). Heritage, Culture and Society: Research agenda and best practices in the hospitality and tourism industry.

Robinson, G. (1992). The economic foundations of political conflict in Bali, 1950–1965. *Indonesia*, (54), 59–93.

Robinson, G. (1995). *The dark side of paradise: Political violence in Bali*. Cornell University Press.

Salamanca, A. M., Nugroho, A., & Osbeck, M. (2015). Bali's subaks and the UNESCO World Heritage Site.

Smith, A. (1981). *The Ethnic Revival*. Cambridge University Press.

Smith, A. (1991). *National Identity*. Harmondsworth, Penguin.

Smith, A. D. (1981). *The Ethnic Revival*. Cambridge University Press.

Vickers, A. (2013). *Bali: A paradise created*. Tuttle Publishing.

Warren, C. (2007). Made Lebah: Reminiscences from "Jaman Setengah Bali" (Half−Bali Times)', in Roxana Waterson (ed.) *Southeast Asian Lives: Personal Narratives and Historical Experience*. NUS Press.

Watson, J. L. (1987). From the common pot: feasting with equals in Chinese society. *Anthropos*, 389−401.

West, B. A. (2010). *Encyclopedia of the Peoples of Asia and Oceania*. Infobase Publishing.

Wiener, M. J. (1995). *Visible and invisible realms: power, magic, and colonial conquest in Bali*. University of Chicago Press.

Yamashita, S. (2003). *Bali and beyond: Explorations in the anthropology of tourism* (Vol. 2). Berghahn Books.

▶ 인도네시아어 자료

Adnyana, I. W., Remawa, A. R., & Sari, N. L. D. I. D. (2018). Multinarasi Relief Yeh Pulu Basis Penciptaan Seni Lukis Kontemporer. *Mudra Jurnal Seni Budaya*, 33(2), 249−255.

Agung, N. M. (2013). *Pawon Bali*. Gramedia Pustaka Utama.

Atmadja, N. B., Atmadja, A. T., & Maryati, T. (2017). *Bali pulau banten: perspektif sosiologi komodifikasi agama*. Pustaka Larasan.

Badan Pusat Statistik Bali. (2017). *Provinsi Bali Dalam Angka 2017*. BPS Provinsi Bali.

Budaarsa, K. (2012). *Babi Guling Bali dari Beternak, Kuliner, hingga Sesaji*. Denpasar: Buku Arti.

Budaarsa, K. (2013). *Satwa upakara: sarana perlengkapan upacara agama Hindu*. Udayana University Press.

Departemen Pendidikan dan Kebudayaan Indonesia. (1978). *Sejarah Daerah Bali oleh Proyek Penelitian dan Pencatatan Kebudayaan Daerah*. Departemen Pendidikan dan Kebudayaan. Proyek Penerbitan Buku Bacaan dan Sastra Indonesia dan Daerah.

Departmen Pertanian. (2016)[1967]. *Mustikarasa Resep Masakan Indonesia Warisan Sukarno*. Komunitas Bambu.

Direktorat Jenderal Peternakan dan Kesehatan Hewan. (2018). *Statistik Peternakan dan Kesehatan Hewan 2018*. Kementerian Pertanian.

Keriana, I. K. (2010). *Prosesi upakara dan yadnya*. Gandapura.

Na'im, A., & Syaputra, H. (2010). *Kewarganegaraan, Suku Bangsa, Agama, dan Bahasa Sehari-hari Penduduk Indonesia -Hasil Sensus Penduduk 2010*. Badan Pusat Statistik.

Putra, I. N. D. (2014). Empat srikandi kuliner Bali: Peran perempuan dalam pembangunan pariwisata berkelanjutan. *Jurnal Master Pariwisata*, 1(01), 65−94.

Rahman, F. (2014). *Jejak rasa nusantara: sejarah makanan Indonesia*. Gramedia Pustaka Utama.

Reid, A. (1992). *Asia Tenggara dalam Kurun Niaga 1450-1680 Jilid 1: Tanah di Bawah Angin (Vol. 1)*. Yayasan Pustaka Obor Indonesia.

Soekmono, R. (1990). *Monumen: karya persembahan untuk Prof. Dr. R. Soekmono-Tradisi Menabung dalam masyarakat Majapahit: Telaah Pendahuluan terhadap Celengan di Triwulan*. Fakultas Sastra, Universitas Indonesia.

Suci, N. K. (1986). *Pengolahan makanan khas Bali*. Proyek Penelitian dan Pengkajian Kebudayaan, Departemen Pendidikan dan Kebudayaan.

Sukardi, K.Y. (1986). *Sumber Daya Pangan pada Masyarakat Jawa Kuno: Data Arkeologi-Sejarah Abda IX-X Masehi-I Manusia, Lingkungan Hidup dan Teknologi*. Proyek Penelitian Purbakala Jakarta Departemen Pendidikan dan Kebudayaan. PT. DIOTA CIPTA INDAH.

Supranto, J. 2000. *Statistik Teori dan Aplikasi*. Jakarta: Penerbit ERLANGGA.

Supratikno R. (2007). Celengan Majapahit, Warta Hindu Dharma No. 489 September 2007. *Parisada Hindu Dharma Indonesia Pusat*. (http://phdi.or.id/artikel/celengan−majapahit).

Sutawan, N. (2008). *Organisasi dan manajemen subak di Bali*. Pustaka Bali Post.

Swanendri, N. M. (2016). Eksistensi Tradisi Bali Aga Pada Arrsitektur Rumah Tinggal Di Desa Pakraman Timbrah. *Journal of the built environment* Vol.3, No.2.

Yulianto, K., Sukardi. (2021). *Sumber Daya Pangan pada Masyarakat Jawa Kuno: Data Arkeologi-Sejarah Abda IX-X Masehi-I Manusia, Lingkungan Hidup dan Teknologi*. *Proyek Penelitian Purbakala Jakarta Departemen Pendidikan dan Kebudayaan*. PT. DIOTA CIPTA INDAH.

▶ 웹사이트

한국외식업중앙회 (2019/01/11). "2019년 기해년(己亥年): 돼지는 재복과 행운의 상징". (https://www.balipost.com/news/2018/08/14/52958/Lebih -Menguntungkan,Peternak-Pilih-Pembibitan...html).

Bali Post (2018/10/23). "UMP Bali Naik Rp 170 Ribu". (https://www. balipost. com/news/2018/10/23/59385/UMP-Bali-Naik-Rp-170...html).

Good News From Indonesia (2017/02/14). "Warisan Soekarno dalam Kitab Kuliner Indonesia." (https://www.goodnewsfromindonesia.id/ 2017/02/14/ warisan-soekarno-dalam-kitab-kuliner-indonesia)

Historia (2015/04/08). "Alkisah Celeng, Celengan dan Babi Ngepet dari Zaman Majapahit". (https://historia.id/kuno/articles/alkisah-celeng-celengan-dan-babi-ngepet-dari-zaman-majapahit-vJdw)

Kaskus (2016). (https://www.kaskus.co.id/thread/57bfd84e1a99751e2e8b4567/ tertarik-dengan-adat-istiadat-tua-asli-indonesia-usaba-sumbu-di-bali-gan/)

KOMPAS (2018/08/06). "Anthony Bourdain Pernah ke Indonesia, Makan Apa Saja?" (https://travel.kompas.com/read/2018/06/08/20395 0227/anthony-bourdain-pernah-ke-indonesia-makan-apa-saja)

TripAdvisor Media Center (2019). "TripAdvisor Honours Reviewers' Favorite Destinations With 2019 Travellers' Choice Award." (https://tripadvisor. mediaroom.com/press-releases?item=126228).

UNESCO (http://heritage.unesco.or.kr/whs/cultural-landscape-of-bali-province-the-subak-system-as-a-manifestation-of-the-tri-hita-karana-philosophy/).

바비굴링

발리인의 소울푸드

초판 발행 2023년 12월 29일

지 은 이 장상경
펴 낸 이 김성배
펴 낸 곳 도서출판 씨아이알

책임편집 신은미
디 자 인 윤현경 엄해정
제작책임 김문갑

등록번호 제2-3285호
등 록 일 2001년 3월 19일
주   소 (04626) 서울특별시 중구 필동로 8길 43(예장동 1-151)
전화번호 02-2275-8603(대표)
팩스번호 02-2265-9394
홈페이지 www.circom.co.kr

I S B N 979-11-6856-192-2 93380